U0164999

正向对话

[美]麦可·索伦森 —————— 著

江美娜　张积模 —————— 译

I HEAR YOU

THE SURPRISINGLY SIMPLE
SKILL BEHIND
EXTRAORDINARY RELATIONSHIPS

台海出版社

只 为 优 质 阅 读

好
读
Goodreads

目 录
CONTENTS

致 谢

*

如果没有我的良师益友、人生导师乔迪·希尔德布兰特的智慧和建议，本书不可能与读者见面，我对书中的基本原则也不可能有深刻的理解。应该说，我对健康关系和有效沟通的理解在很大程度上归功于她，感谢她多年以来对我的指导和教诲。

我也非常感激我的父母，他们在我的日常生活中以身作则，教导我诚实、慷慨和同情的重要意义。没有他们的耐心、支持、指导和激励，我的今天将完全不同。

导　言

*

"请记住，你所遇到的每个人都有害怕的东西，都有热爱的东西，也都有失去的东西。"

——小杰克逊·布朗

"你是本地人吗？"

"我在加州长大，但过去十五年来一直住在这里。你呢？"

我刚刚开车接到了这个女人。这是我们第一次约会，我们要去当地的一家冷冻酸奶店。她忙了一天了，所以我打算简短一点，随意一点。比如，花上半个小时，了解一下她的情况。如果一切顺利的话，周末再约她出去。

接下来便是司空见惯的闲聊，但我很快发现，她的心思根本不在这里。她不仅仅是心不在焉，简直就是自我封闭。她没精打采地仰靠在椅子上，回答问话时也是只言片语，而且声音小得几乎听不见。她不停地东张西望，好像在寻找时钟或离开的借口。

一周前，我第一次见到她。那时的她很友好，很活泼，而且非常爽朗。然而，现在坐在我对面的这个女人简直像变了个人似的。我说了什么，问了什么，对她来说似乎都不重要。很明显，她根本不想说话。

我想方设法让聊天持续下去。大约十分钟后，我终于放弃了。我们上了车，往回走。开车的时候，我问起了她的家人。她顿了一会儿，似乎这是一个敏感的话题。"嗯，"我心里暗想，"这就对了。"我以为她会就此打住，但令我惊讶的是，她对我敞开了心扉。

"我爸妈正在离婚。"她说。

"哦……"我答了一声，突然对她产生了巨大的同情，"实在不好意思。"

"没关系。"她咕哝着，摆出一副令人无法信服的

"坚强女孩"的面孔，"我很好。"

"呃……父母离婚并不是什么好事。"我说，"你一定很难受吧。"

"是的，真的很糟糕。"她放下了伪装，迅速答道。

"更糟糕的是，我刚刚发现，我爸爸要和另一个女人结婚了，他们甚至没打算让我参加婚礼。他和我妈妈好像一个月前才分开的！"她说。

"真的吗？"

"是啊，糟透了。他偶尔会寄些钱来，但那种感觉仿佛是让人扇了一记耳光。他似乎认为钱能解决一切问题，认为完全可以离开我和我妈妈。后来，我突然听说他要在夏威夷结婚了，而且没打算让自己的孩子参加婚礼！"

"是吗？"我说。一时间，震惊、悲伤交织在了一起。

我静静地听着。她又说了几分钟，发泄着心中的愤懑。此时的她变得越来越放得开了，越来越无所顾忌了。这一点着实令我感到惊讶。过了一会儿，我终于开口了。

"嗯，瑞秋，我真的替你难过。说实话，我没法说完全了解你的感受，因为我没有经历过父母离婚这样的事情，我只能凭想象，觉得一定很痛苦。"

她对我的话不置可否，但明显心里好受多了，话匣子再次打开。

"你知道更糟的事情是什么吗？那就是，你最好的朋友告诉你，你要学会微笑，因为微笑会让你好受一些。"

"好像微笑有啥帮助似的。"我摇了摇头，不无讽刺地说道。

"是啊！"她继续说道，"还有人会说'这是不幸中的万幸'，或者'最终都会过去的'。我不傻，我知道最终都会过去的，可那绝对不是我当时想要听到的东西。"

"的确令人恼火。"我说，"不管是谁，遇到这种事情，都不想听到那样的话。"

"是啊。"她叹了口气。

在接下来一个小时的时间里，我们坐在昏暗的车里，瑞秋对我完全敞开了心扉。除了父母离婚之外，还告诉我她几周前遭遇了一场车祸（幸运的是，她竟然毫发无伤），她的妹妹刚刚诊断出患有癌症。父母离异，她本人重大车祸，妹妹患病，而这一切居然都发生在一个月之内！我隐隐感到，这可能是她第一次真正向别人敞开心扉。

在聊天的过程中，我尽量表现出理解她的感受。也就是说，我不只是在听她讲故事，为她感到难过，而是和她的经历产生了共鸣。我意识到了她的痛苦，但不会试图去解决它，不会给她提建议，不会告诉她要往前看。在那一刻，我所能做的就是让她感到自己的痛苦、愤怒和困惑是很正常的，是可以理解的。她有这个权利，也非常需要感受到这一点。

入夜，当我们就要作别时，她稍微顿了一顿，然后说道："谢谢你。不过，我真的不该把一肚子苦水全都倒给你。真没想到我可以把一切都说出来。很长时间了，这是我第一次得到了释放。"

我感谢她对我的信任，把她送回了公寓。然后，我回到车里，静静地坐了几分钟，回想着刚刚发生的一幕。本想着在三十分钟内速战速决，结束尴尬的、单方面的约会，结果却给我带来了一种强大的体验，一种心灵相通的震撼。一方面，这位新交毫无顾忌地把一切都倾诉了出来；另一方面，我对她产生了真真切切的关爱和同情。而这一切仅仅发生在一个小时之内。我这里所说的"关爱"并非"爱情"，而是在更深层面上对他人的关注和关心。

那天晚上，我在日记中写道："看到她敞开了心扉，重拾了安全感，感受到了我对她的关爱（因为我知道如何认同她），那种感觉真是太棒了。我觉得这就像一股清风，她终于可以自由呼吸了。她知道有人愿意倾听，有人愿意去理解她。"

我的顿悟时刻

那次经历对我来说是一个转折点。我比以往任何时候都更加清楚地看到了认同的力量，我兴奋不已。

从本质上讲，认同意味着帮助他人得到倾听，得到理解。我对认同的初步认识来自我的治疗师和人生导师。我和她每周见两次面，有时是一对一，有时是小组讨论。就这样，几年下来，我们探讨了很多话题，从工作压力，到感情问题，再到日常应激反应等。她的咨询方式和辅导方法主要是教导人们如何过上诚实、强大的互联生活。（注：我个人认为，每个人都应该有一个好的治疗师。真的，好的治疗师可以改变你的人生。）很快，我便发现，无论是在理论上，还是在实践中，我开始变得愈加自信，与他人的关系愈加密切。你可能已经猜到了，认同是其中的一种重要实践。

等我和瑞秋出去约会时，我对认同这种沟通方式已经相当熟悉了。我知道人们何时需要认同，也知道如何满足这种要求。然而，我却无法得知人们对它的渴望程度。现在可以说，看到它神奇般地融化了瑞秋的愤怒、沮丧和痛苦的冰墙，我眼前一亮，在接下来的几个月里，我与家人、朋友和同事都有过类似的经历。我们的话题从约会、婚姻到重大商业决策，颇为广泛。慢慢地，我发现，自己在交流的过程中头脑变得清晰，说话变得更有条理。

随着对这项新技能的不断练习，其好处也变得越来越明显。人们开始说道："你很会沟通。""你很善于倾听。"在观察了我与他人的几次互动之后，我的一位导师对我说："你很会让人放松。"同事跟我说，他们很欣赏我作为经理却平易近人的作风，对我处理人际关系和部门冲突的方式也印象深刻。

我分享这些评论的目的不是为了满足自己的虚荣心，而是为了说明以下两点：第一，认同这一技能有着显著而深远的影响；第二，这是一种任何人都可以掌握的技能。这些人在我身上看到的只是我所学到的东西，而不是我有效沟通的本能。当我意识到自己无意中发现了非常有价值的东西之后，我便开始寻找与他人分享的方法。学会了认同这一技能，几乎改变了我生活的方方面面——我的友情、我与同事和老板的谈话方式、我的约会生活、我的家庭关系，甚至我与陌生人的互动，等等。我必须把学到的传递出去。

虽然我在网上找到了几篇有关认同的短文，但是，无论是在深度上，还是在方式上，都未能找到在我看来最为实用的方法。市面上的书籍各种各样，有的告诉你如何进行人际沟通，有的教给你如何用猫毛制作工艺品（这绝对不是开玩笑），但唯独少见探讨认同的功能和力量的书籍。因此，除了四年以来我不断向人们推荐某些治疗方法之外，我还一直在苦苦找寻分享这一宝贵技能的方法。

在我和瑞秋约会大约半年之后，我接到了哥哥的电话。他正在经历一段艰难的日子，想听听我的意见。他向我介绍了情况之后，不再说话。当时，我想马上提出解决方案。然而，当我回想起最近的一系列认同经历时，便改变了主意。我认为可以找到更好的方法。于是，我便把想好的建议放在了一边，只是简单地说了一句："哥，我很替你难过，你现在一定很不好受。我记得上个月我处理过类似的事情……"

果然，简简单单的几句话让我哥哥释然了不少。等他再次开口说话时，他的声音里已经有了如释重负的感觉。他和我谈了他对问题的看法以及可能的处理方式。令我感到惊讶的是，他的想法和我打算提供的解决方案不谋而合。可见，虽然他打电话过来寻求建议，但是他真正想要的却是我对他的认同。接着，我们又谈了几分钟，然后就把电话挂了。他告诉我自己感觉好多了，并感谢我牺牲时间陪他聊天。挂上电话后，我静静地坐了一会儿，陷入了沉思。

"认同的力量真是惊人。"我想。

接下来，我脑海里闪现出一个从未有过的想法。

"要不我来写一本有关认同的书？"

"开玩笑。"我心里的一个声音说道，"你凭什么写书？"

然而，这种想法却挥之不去。尽管听起来可能有些奇怪，但我觉得非得写点什么不可，仿佛欠了某人什么东西似的。我觉得，如果不把那些自己受益的原则分享给大家，就是典型的自私自利。

可我又转念一想："我不是作家，不是研究人员，也不是治疗师，人们凭什么要信我说的话？"

是的，凭什么？也许，他们根本不信。然而，随着时间的推移，似乎每一次经历、每一次对话、每一刻的反思都要求我动笔写一本书。我不得不写，我至少要把这个信息传递出去。哪怕只有一个人从中受益，那也没有白费力气。终于，在一个阳光明媚的周六早上，我打开了笔记本电脑，开始写作。

阅读本书，能得到什么？

的确，我不是心理学家，也没有给名流巨子或大牌首席执行官做过顾问，我的名字后面也没有"专家"二字。老实说，我在智力、天赋或能力方面和大家没有什么不同。不过，我要与大家分享的是我从四年多的治疗和辅导中得到的知识和见解，以及反复试错中的那些荒诞不经的经历。我从十几本相关的书中收集了大量的真知灼见和实践案例，从与专业人士长达五百多个小时的讨论中提炼了关键的原则，并且通过数千次的实践调整，证明了这些方法的有效性。姑且先相信我吧。慢慢地，你会沉迷其中的。在此，我向你保证，这绝对不是假大空的东西。

你肯定已经注意到了，这本书很薄。我也曾想过添加一些额外的（实际上是不必要的）章节、故事和逸事，让书变得厚起来。因为，根据惯例，书架上的书越厚，越显得高大上，对吧？然而，一本只需要五十页就可以把问题说清楚的书，却硬要拉长到三百页，这样的书我是不会去读的。所以，这本书绝对不会人为地拉长。

相反，我将开门见山，直奔主题，这样，你马上就可以做到学以致用。因为，说到底，要想知道书中提到的原则是否和我所说的一样强大，唯一的方法就是亲自去尝试，去练习，去运用。书中收录了我认为有价值的故事和研究，目的是能让大家一口气读完（比如，花一个周末就可以读完）。然后在需要的时候，可以重温一下。

在开始阅读之前，你一定要知道，这些原则不会立刻解决你人际关系中存在的所有问题，不会立刻治愈你的所有疾病，也不会立刻让你变得好看。但是，它们会改善你的人际关系，增加人们听取你建议的可能性，增强你支持帮助他人的能力，并有助于你更加从容地应对激动的情绪。我亲眼见到它们在我的身上和很多人的生活中创造了奇迹。这些原则一再应验。如果你能认真对待它们，是绝对不会失望的。

第
一
部
分

*

认同的力量

▲

第一章

为什么
要花时间去研究认同

"得到倾听、得到理解是人类内心最大的渴望之一，而那些学会倾听的人是最受欢迎、最受尊敬的。"

——理查德·卡尔森

　　读了上面这句话的人大都会说："当然，人们渴望得到倾听，这并不奇怪。如果我善于倾听，人们会更加喜欢我，更加尊重我。"这种说法固然没错，但并不完整。请注意，"得到倾听"之后还有一部分，而且，我个人认为，这一部分更加重要，那就是"得到理解"。这表明"得到倾听"和"得到理解"是有区别的。作为人类，二者缺一不可。

　　你是否遇到过这样的人：他听清了你说的话，却似乎没有明白你的意思？或者，他可能理解了你的观点，但显然与你当时的情绪或情况无关？那人只是听清了你的话语，却并没有真正理解你的意思。我知道，"听觉"从技术上讲是一种"感觉"，即借助耳朵，我们能够听到声音。但是，在口语中，我们经常说I hear you（我听到了，知道了），来表示I understand you（我理解你）或I know where you're coming from（我明白你的意思）。这就是我们渴望的那种倾听——一种真正的理解和共鸣。

这就引出了一个问题：你如何才能让人感到他真的得到理解了？这就是真正有趣的地方。世界上善于倾听的人不光是倾听。他们一边倾听，一边理解，一边认同，而认同则是秘密武器，是神奇的配方。

不要只是听，要说点什么

不久以前，我和一位女士约会。她很擅长倾听，却不懂得认同。每当我向她讲述一个令人兴奋或非常痛苦的经历时，她总是面无表情地坐在那里。等我讲完之后，她又会木呆呆地看着我，好像在说："你讲完了吗？"

一天晚上，我终于崩溃了。当时，我给她讲了一件令我特别兴奋的事情。讲完之后（我稍微平静了一点，因为讲故事时我会变得异常激动），我看着她。可是，映入我眼帘的依旧是那种茫然的表情。"棒！"她淡淡地说道。

就这样，再也没有二话。

我停顿了一会儿，期待她能够说出"太令人兴奋了"或"那你后来做了什么"之类的话语，或者至少让我知道她真的在乎我刚刚分享的东西。我可是一口气说了好几分钟，一个简单的"棒"字绝非我所期待的反应。

可事实就是这样。

她只是回过头来看着我，脸上带着同样平淡（尽管好看）的表情。最终，她问："怎么啦？"

好吧。这究竟是怎么回事？她静静地听我讲着故事，没有插话，一个字的回应也显得挺可爱的。我还期待什么？

在我们相处的这个阶段，我所期待的——也是真正渴望的——是认同。我希望她能认同、理解并分享我的兴奋。我给她讲这个故事，不是因为我爱说话；我给她讲这个故事，是希望她能看到我的兴奋，并分享我的情绪。我希望我们能通过我的经历产生共鸣。

那天晚上，回到家里，我像任何一个健康、高效、有责任心的人一样，开始漫不经心地浏览社交软件。几分钟后，我看到了《商业内参》上一篇文章的链接，标题是《科学表明持久的情感生活可以归纳为两大基本特征》。出于好奇，我点开了链接，并开始阅读。

这篇文章讨论的是心理学家约翰·戈特曼的研究成果。在过去的四十年里，戈特曼对几千对夫妇进行了研究，试图找出维系情感生活的秘诀。为了破解健康持久的情感生活的密码，戈特曼及其同事把他们所在的华盛顿大学的实验室装扮一新，看上去与一家漂亮的客栈无异。他们邀请了一百三十对新婚夫妇，让他们在这个幽静的地方度过一天。然后，观察他们的一举一动，即大多数人在周末所做的事情——做饭、聊天、打扫卫生、闲逛，等等。

戈特曼在观察中发现了一种特殊的模式。在整整一天里，夫妻双方都会提出一些看似无关紧要的小小请求。例如，丈夫会看着窗外说："哇，瞧那辆车！"不过，他的焦点并不在车上，而是希望妻子能有共同的兴趣，与之呼应。他希望通过汽车把两个人联系在一起，哪怕时间不长。戈特曼将这些"联系请求"称为"投标"。

妻子可以选择积极回应（"哇，太美了！"），消极回应（"哎，太丑了！"），或者被动回应（"嗯，不错，亲爱的。"）。戈特曼将积极的回应称为"趋向"投标人，将消极和被动的回应称为"背离"投标人。事实证明，夫妇对这些"投标"的反应决定了其婚姻是否幸福。

戈特曼发现，在六年的随访期内离婚的夫妇，其"趋向"投标人的概率是33%。这意味着他们的"联系请求"只有十分之三得到了积极的响应，即引起了对方的兴趣和同情[1]。

相比之下，六年后仍在一起的夫妇，其"趋向"投标人的概率是87%，这意味着婚姻健康的夫妇十有八九会满足伴侣的情感需求。

现在问题来了：通过观察这类互动，戈特曼显然可以预测夫妻（无论是贫穷的还是富有的，也无论是年轻的还是成熟的）在几年后是否会分手，哪些夫妻虽然在一起却并不快乐，哪些夫妻既在一起又很快乐，其准确率高达94%。

当我坐在电脑前阅读这篇文章时，突然眼前一亮，一股洞察和认同（带着一丝证明）的浪潮淹没了我的身体。这正是我的情感生活中所缺少的东西！我确实每天都频繁发出"投标"邀请或"联系请求"，但我女朋友"趋向"我的次数却少得可怜。

此时，我对认同这一概念已经非常熟悉了，而且也很擅长"认同"他人。然而，让我不明白的是自己什么时候需要认同。阅读这篇文章时，我渐渐明白，戈特曼所说的"趋向"某人，是对"认同"的另一种描述，即对他人的评论、请求或情绪表现出兴趣，并肯定其价值。

这一新的见解让我看到了一个清晰的现实：认同对于建立健康良好的关系至关重要。更为重要的是，这对于任何一种关系来说都是如此，无论是情侣关系还是其他关系。因此，本书的中心思想就是，要想善于倾听，必先学会认同。

沟通技巧之"瑞士军刀"

几年前，我和一位好友共进午餐。其间，我们聊了聊身边发生的新鲜事，回忆了共同度过的美好时光。随着话题的深入，我们聊到了我最近对认同的研究和探索。几个月前，我和他分享了我的一些研究成果，于是，我们都忙于将其"付诸实践"。我们交流了最近的经历，对经历进行了分析，找出了共同的线索，并惊讶地发现这一技能非常有效。就在一周以前，我用"四步法"（这一点将在本书"第二部分"详细讨论）化解了工作中的紧张局面。在我还不了解认同这一技能的日子里，类似的情况会变成一两个小时的争论，并最终以失败而收场。有了这个新方法，这件事情在三十分钟内就顺利解决了，结果是各方都觉得自己得到了倾听，得到了理解。当我把这一经历告诉朋友时，他难以置信地摇了摇头，并笑着说："这简直就是超能力！"

我知道这种说法似乎有点矫情，然而，认同作为一种技能的确十分灵验。当然，这并不是说，我的每一次谈话都会成为改变人生的经历。但是，在大多数情况下，"四步法"屡试不爽。在我努力帮助别人得到倾听和理解时，我开始意识到，人们是多么迫切地需要这种体验。此外，了解"认同"这一技能的人实属不多。因此，把它看成是"超能力"就不足为奇了。

借助本书中描述的原则、工具和方法，你将能够：

（1）缓解（有时甚至消除）他人的担忧、恐惧或疑虑等情绪。如果你的另一半不开心，如果你面对的是愤怒的顾客或同事，如果你试图和儿童讲理，这一点特别有用。

（2）为别人的兴奋和快乐添砖加瓦。这显然是送给别人的礼物。研究同时表明，认同他人的积极经历可以极大地改善关系中的"紧密度"和"满意度"。

（3）为他人提供支持和鼓励，即便你不知道该如何解决问题。无论你的经验或专业如何，知道自己能在任何情况下帮助别人是一种极大的自信。

（4）在亲密关系中，更容易表现出爱、理解和同情。研究和常识表明，这种技能对于持久幸福的关系至关重要。

（5）帮助他人毫无顾虑地信任你。这不仅能加深已有联系的意义，还能使别人更容易亲近你。

（6）避免或快速解决争论。知道如何安抚对方，如何陈述自己的观点，你将会节省时间，减少失败。

（7）给出有效的建议。当你理解并认同他人时，他们会更愿意接受你的建议、反馈或保证。

（8）成为一个全面、讨人喜欢的人。当你帮助别人得到倾听和理解时，他们会情不自禁地对你产生好感。人类有一种与生俱来的需求，即渴望得到倾听，得到理解。因此，那些真诚满足这些需求的人是最受欢迎、最受尊敬的。

总之，"认同"这种技能十分神奇，它几乎适用于生活中的任何关系。无论是同事、朋友、兄弟姐妹、父母、孩子、邻居、配偶、男女朋友、发型师、老板、房东，还是出租车司机，你都可以使用这种技能来改善与他们之间的关系。

本章小结

（1）我们需要的不仅仅是倾听的耳朵。作为人类，我们需要得到倾听，得到理解，得到认同。因此，好的听众不仅要懂得倾听，还要懂得认同。

（2）认同能极大限度地改变你的婚姻关系或恋爱关系。研究表明，学会认同和支持对方的夫妇拥有更加幸福、更加持久的婚姻。

（3）认同的好处很多。有效的认同可以平息恐惧或沮丧情绪，为别人的兴奋或好运添砖加瓦，让他人愿意倾听你的故事，加深人际关系，快速解决争论，并帮助你成为一个更加全面、更加可爱的人。

第二章

认同入门

"交流需求的背后是分享需求，而分享需求的背后则是理解需求。"

——列奥·罗斯滕

　　人类是群居动物，渴望得到认同，得到理解，渴望归属感。在快乐和成功的时候，我们希望与他人分享自己的兴奋；在痛苦和悲伤的时候，我们希望得到安慰和支持。无论哪种情况，在内心深处，我们都希望与他人建立某种联系。正如约翰·戈特曼在他的研究中所指出的那样，我们每天都会发出几十个"联系请求"，这就意味着我们总是在寻求认同，尽管有的时候我们自己并没有意识到。

　　正如前面所言，在人际交往中，认同是对他人情绪的正当性和价值的承认与肯定。从本质上讲，认同意味着对某人说"我听到了，我理解你的感受，这种感受是完全正常的"。

有效的认同由两个部分组成：

1. 认同某种特定的情绪；

2. 为这种情绪提供依据。

假设你和同事一起出去吃午饭。吃完后，你们又聊了几分钟，然后才回到办公室。不过，在此过程中，你发现她似乎有点心不在焉，老是在查看手机，不像平时那样热情投入。你感到有点奇怪，就问她怎么回事。

"嗯……我女儿本该在跳完舞后给我打电话。可是，一直没有她的消息。"同事说，"一个小时前，我就在等她的消息。所以，有点担心。"

此时，你会怎么办呢？是去安慰同事，让同事放心，（比如："哦，孩子肯定没事。你知道年轻人都这样，可能忘了。"）还是给同事提出建议？（比如："你给她的朋友打个电话问一问！"）虽然这两种回答可能都有帮助，但是，如果你先花点时间去认同一下，效果可能会更好。（究其原因，不妨接着往下看。）

在这种情况下，为了对同事的情绪表示认同，你不应急着提出建议，或设法让她宽心，而应该这样说："你的担心是有道理的，尤其是孩子一个小时前就告诉你会打电话来的……"

请注意这种回应：（1）是如何认同一种特定的情绪的（担心）；（2）又是如何为这种情绪提供依据的（一个多小时过去了，还没有收到女儿的消息）。这样的回应向同事表明，你不仅"听到"了她的感受，还"理解"她的感受。虽然这似乎有悖常理，但选择认同同事的情绪，而非提供解决方案，可能是帮助她的最佳方式。

2011年发布的一项研究成果恰恰说明了这一点。研究人员要求参与对象在极短的时间内解答一系列数学难题，然后报告自己的情绪状态（如紧张、尴尬、自信等）。接着，研究人员给出肯定或否定的回应。例如，如果参与对象表示沮丧，研究人员会说："嗯，其他人也很沮丧，只是不像你这么沮丧。"（否定回应）或者"不怪你，在没有纸笔的情况下解答数学难题的确令人沮丧。"（肯定回应）

随后，研究人员要求参与对象完成第二轮解答，并报告自己的感受。他们的情绪再一次得到肯定或否定的回应。接着，又有了第三次，也是最后一次。研究人员通过跟踪参与对象的心率和皮肤电导水平（SCL）这些常见的生理反应指标来测量他们对压力和反馈的反应。实验完成后，收集数据，进行分析，并将趋势、关联和发现记录下来。

不出所料，得到否定回应的参与对象，皮肤电导水平（SCL）逐渐增加，压力反应延长，心率稳步上升。而且，尽管告诉他们"不要担心"，但是，每一轮过后，负面情绪都会明显增加。换句话说，他们很是担心，很不喜欢这个实验。

然而，情绪得到肯定回应的参与对象，结果则完全不同。他们在整个实验过程中皮肤电导水平（SCL）明显较低，负面情绪没有显著变化，心率稳步下降[2]。你看清楚了吧？他们不是心率保持不变，或者比得到否定回应的人上升的速度要慢，而是偏偏下降了。尽管承受的压力是一样的，但是，得到肯定回应的人更容易调节自己的情绪，保持冷静。

通常，发泄不满的人早就知道该如何处理自己的问题，他们只是想找人来见证并理解自己的难处。虽然这看起来违反常理，但认同常常是帮助人们解决问题，回到正轨的最便捷、最简单的方法。

肯定的回应

当然，认同的方式很多。只要你向对方表明你认同并接受他们的情绪，就是肯定回应。下面这些说法，只要运用得当，都是肯定的回应：

"嗯，这的确令人困惑。"

"他真是那么说的？换了我，也会生气的！"

"唉，这太可悲了。"

"我完全理解你的感受。我也有过类似的经历，的确很难受。"

"你完全有理由感到自豪，这的确很了不起！"

"我真的为你高兴！你一直很努力，这种感觉一定很神奇吧。"

请再次注意每一种回应是如何认同某一种情绪并为其提供依据的。具备了这两大要素，就等于向对方表明，你不仅"听到"了，还"理解"了。

否定的回应

说完了肯定的回应，现在，让我们看看更加常见的回应方式——否定的回应。否定的回应通常是出于良好的意愿，但却于事无补。

社会一开始就教育我们，有些情绪是"该有的"，有些是"不该有的"。比如，"不要哭""不必担心""别生气""开心点""自信点""享受旅程"等，凡此种种，都强化了这一概念。出于某种原因，我们对某些情绪感到不适，并为其贴上了"不良"的标签，它们通常包括担忧、恐惧、愤怒、嫉妒、骄傲、悲伤、内疚和疑惑等。与此同时，社会又要求我们尽量感受"美好"的情绪，它们通常包括快乐、兴奋、平静、自信和感激等。

单从表面上看，这些情绪的确非常美好，无可非议。

但是，当我们因为一种"不良"的情绪而感到沮丧时，问题就出现了。如果我在不该生气时生气了，那么，我也许是个坏人或易怒的人。如果我担心一些不该担心的事情，那么，我也许是不理智的，或是小题大做。如果我害怕一些不该害怕的东西，那么，我也许是个弱者或懦夫。我们的大脑里为什么会塞满这样那样不好的信息，都是因为有些情绪是"不该有的"。

事实上，情绪本身没有好坏之分。情绪就是情绪，是对某种事情的反应。而且，不管我们喜欢与否，在我们的人生中，每天都会体验各种各样的情绪。威廉·莎士比亚说得好："好坏之分本不存在，只是思维使然。"因此，如何看待情绪，如何处理情绪，才是问题的关键。

例如，愤怒常常会给人带来极差的口碑。尽管很多人让愤怒演变成了暴力，但是，也有一些人则设法使之走向积极的一面。这个世界上之所以会出现一些非常重要、非常积极的变化，就是因为有人对不公正感到愤怒，并奋起改变这一现状。

那么，对情绪的判断和对情绪的认同之间有着怎样的联系呢？简单来说，就是前者对后者造成了破坏。当我们告诉人们该有哪种情绪或不该有哪种情绪时，我们很可能会使情况变得更加糟糕。回想一下上一节的研究：告诉参与对象"不必担心"（等于暗示他们"不够理智"），无形当中增加了他们的压力。不幸的是，否定他人是再容易不过的事情了。对于大多数人来说，这几乎是下意识的反应。请问，你是否对朋友或家人做过类似下面这样的回应？

"你会没事的。"

"这是不幸中的万幸！"

"至少没有……"

"面带微笑，坚持到底。"

"别担心，事情会解决的。"

"别抱怨了，受伤的人又不是你一个人。"

"没什么大不了的。"

如果你和我（或大多数人）一样，肯定说过类似上面的话。

"但是，如果真的没什么好担心的，那该怎么说呢？"你可能会问。

这一点并不重要。重要的是，有人的确在担心，他希望别人能够看到，能够理解。每个人，无论年龄、性别或智商如何，都会不时地发现自己处于类似的境地，压力大，很焦虑，而事实上，根本"不该"如此。当有人处于这种境地时，一句简简单单的"别担心"是没有任何益处的。相反，如果你向他表明，你的确看到了，并理解他的感受，那么，他要么会自己找到解决方案，要么会乐意听取你的建议。

把握认同的时机

虽然每个人都希望得到认同，但是，很少有人了解认同这一概念。他们能感觉到自己是否得到认同，但却不知道如何称呼。因此，不太可能有人径直出来，直截了当地说："我需要得到你的认同。"这就引出了一个问题：如何把握认同的时机？

"认同请求"比你想象的要常见得多。根据我的经验（当然，这一点并没有得到科学印证），在80%至90%的对话当中，至少会出现一次认同的机会。换句话说，如果有人和你说话，他可能希望得到你的认同。无论人如何独立、如何自信、如何自给自足，都希望和别人建立某种联系。

　　如果你不清楚是否应该给予认同，最简单的办法是看看对方是否在分享什么，是一次经历，是一种情感，是一种关怀，等等。如果有人与你分享一些事情，比如，"你永远也不会相信工作当中发生了什么！""我只是不知道该拿亚伦怎么办。""即将到来的考试一定会让我难受！"，他很可能是在寻找认同。即使他与你分享一个问题并寻求你的建议，他仍然（有意识或无意识地）希望能首先得到你的认同。

　　剩下的10%至20%的对话基本上是事实性的，很少甚至没有任何感情色彩。如果对方在问路，或者给你分配工作任务，或者问你晚餐想吃什么，那可能是就事论事。但是，如果一个人问路，然后告诉你，他担心自己会迷路，那他一定是在寻找认同。

例1：沮丧的配偶

下面这个例子来自我朋友和他妻子的一段对话。他的妻子说，她妹妹让她感到十分沮丧，她希望能得到丈夫的支持。

艾米："哎，艾米莉快把我逼疯了！"

大卫："怎么回事？"

艾米："还记得我们计划中的'姊妹之旅'吗？她不断地改变计划，根本不听——也不关心别人的想法。"

大卫："嗯，你跟她说你的想法了吗？"

艾米："说了。可是，她总找理由，按自己的方式行事。我真的受够了。"

大卫："你应该告诉她，说她根本没有听你在说什么。"

艾米："我说了，可她就是不听。我快疯了，现在其他人都退缩了，由她去了。我也不想把自己的钱搭上，再搭上一个星期的时间，听她的安排！"

大卫："如果你不想去，就不要去了。"

艾米："我当然想去！我只想玩得开心一点！"

大卫："那就和其他姐妹谈谈吧，我相信你们能想出办法来的。要不我跟她说说？"

艾米："不用，我能处理好的，我只是感到沮丧而已。"

大卫："如果你们一人负责一天呢？"

艾米："没那么容易。我们想去的景点都离得太远。"

大卫："跟旅游团呢？"

艾米："不，我们想自己去。"

大卫（不太确定艾米此时对他的期望是什么）："好吧，你最好快点弄清楚。不是还有几周就要出发了吗？"

艾米（此时很沮丧，准备结束谈话）："是啊。没事的，我会有办法的。"

为什么大卫试图帮助妻子的努力均以失败告终？简单

地说，他没有意识到她在寻求认同，而非建议。艾米感到沮丧，是因为大卫一开始就试图提出解决方案，而不是首先对她给予认同。大卫离开时也是一头雾水，因为当他试图帮助艾米时，艾米变得更加不安，甚至有些抵触。

可见，大卫帮助妻子的最好办法是简单地承认她的这种心情是可以理解的，并且，除非她自己亲口提了出来，否则，不要提供任何建议。然而，让事情变得更加棘手的是，艾米甚至没有意识到自己在寻求认同。她只知道，当丈夫试图安慰她或提供建议时，她变得越来越抵触。

如果大卫对艾米的情绪表示认同，而不是立刻去安抚她，对话可能会是这样的：

艾米："哎，艾米莉快把我逼疯了！"

大卫："怎么回事？"

艾米："还记得我们计划中的'姐妹之旅'吗？她不断地改变计划，根本不听——也不关心别人的想法。"

大卫："真的吗？那是怎么回事？"

艾米："我不知道！快把我逼疯了。再过几周就要旅行了，我担心订不上旅馆了。"

大卫："啊，那太可怕了。你打算怎么办？"

艾米："我不知道。她总是这样。我觉得我快疯了，因为其他人都退缩了，由她去了。我也不想把自己的钱搭上，再搭上一个星期的时间，听她的安排！"

大卫："是的，总不能一个人一个行程表吧。这是她的假期，也是你的假期。"

艾米："说真的，我会想出办法来的。只是，这事太令人沮丧了。"

大卫："是的，的确如此，尤其是这里面总有她的事。"

艾米："从小时候开始一直就是这样，躲都躲不掉。"

大卫："换了我，早就疯了。"

艾米："那还用说？！"

大卫："不好意思。"

艾米："没事的。我想我应该再和她谈谈这件事。如果她真的不肯让步……等出去的时候，我就按自己的计划来。"

大卫："这个想法不错。希望她能灵活一点。"

艾米："但愿吧。"

（短暂的停顿。）

艾米："不管怎样，谢谢你耐心听我说话。最近工作怎么样？"

在本例中，大卫采用了几个认同原则，这一点将在本书后面加以讨论。他意识到艾米寻求的是认同，而不是建议，于是，便给予了认同。这种直接客观的支持，让艾米觉得自己得到了尊重，也使她的沮丧情绪得到了彻底的释放。如此一来，他们的谈话变得更加愉快，彼此产生了共鸣，结果令双方满意。

例2：缺乏安全感

假设你正在和一个对自己的长相没有安全感的朋友聊天。忙了一天过后，她扑通一声倒在你的沙发上，叹了口气：

"永远不会有异性跟我约会。"

大多数人的本能反应是否定这一说法，说这不是真的，然后用大量的溢美之词来鼓励她。你也会这么做吗？即使你最初的想法也是这样的，那么，在读到这里之后，你一定会想：可能还有更好的办法吧？（没错，这种想法是正确的。）

假设你说"这不是真的！你一定会找到合适的人的"，应该说，这种回应没有问题。你之所以会这么说，可能是担心，如果不这么说，她可能会真的认为自己永远找不到异性朋友。但是，咱们还是现实一点吧。如果你立即回应说"这不是真的"，这真的能让她感觉好受一点吗？真的能让她突然醒悟过来，在说出"谢谢"二字之后，开启自己的快乐生活吗？

这真的不太可能。

这样的回应可能会暂时缓解紧张的情形，但绝对不会产生持久的效果。即使你本人、她的同事、她的家人以及任何一个和她交谈过的人都坚持认为她很漂亮、很有趣、很聪明，也无法改变她在某种程度上觉得自己没有吸引力的事实。有很多职业模特（就是大家公认的旷世美人）都觉得自己很丑，很不可爱。在这种情况下，一定有着什么深层的原因在起着作用，让她们产生这样的感觉。说实话，要想让你的朋友真正感到自己可爱，唯一的方法是让她解决这一问题，克服这种感受。

这就是认同变得如此有价值的地方。正如前面所说，当一个人被强烈的负面情绪笼罩时，是很难真正解决问题的。痛苦或困难的情绪在遭遇对抗或压制时会变得更加强烈，更加可怕。当你认可他人时，你是在帮助他看到并接受自己的情绪：情绪就是一种感觉，没有好坏之分，这使得他更容易消化情绪，更容易摆脱情绪的桎梏。

那么，在这种情况下，应该如何给予认可呢？如果你不打算否定朋友的说法，不打算用溢美之词去鼓励他，那么，你又会怎么做呢？

那就去了解一下事情的真相吧。问他一些问题，看看这种情绪究竟是从哪里来的，是什么原因引起的。不过，这样一来，他可能会感到尴尬、悲伤、愤怒，甚至受伤。在本书的后面，我们将介绍一些解读他人感受的方法和技巧。但是，肯定的回应对上述案例可能会是这样的：

朋友："永远都不会有男人跟我约会。"

你："什么？为什么这么说？"

朋友："满大街都是漂亮女人，可漂亮跟我一点都不沾边。"

你："漂亮美女是很多，而且女人都爱跟别人比。"

朋友："是啊，人比人气死人。"

你："你为什么觉得自己没有别人漂亮？"

朋友："杰伊那天晚上说了一些话，让我非常不高兴……"

从这个例子中可以看出：认同，加上一点好奇心，可以揭示某人感受的根源。在这种情况下，好奇心和同理心让你明白了朋友感到不安的原因。这种洞察力将使你在重要的方面与人产生更大的共鸣，更好地提供反馈、建议和保证。

例3：想要孩子

在我父母刚结婚的那几年里，要孩子成了他们的头等大事。他们非常想当父母，想拥有一个充满爱心和幸福的家庭。然而，几周、几个月、几年过去了，一直没有动静。显然，拥有自己的孩子比他们想象的要困难得多。尽管看了不少医生，治疗方法也尝试了许多，但妈妈就是无法怀孕。一想到一辈子不会有自己的亲生骨肉，父母就感到恐惧、害怕。母亲节对妈妈来说尤其残忍，这意味着每年都会定期提醒一次，她可能永远无法拥有她最想要的人——自己的孩子。

当我的父母向朋友和家人寻求支持时，他们大都会说：

"孩子会有的！"

"我不会想这个事。该有的，自然会有。"

"不能生孩子？我丈夫只看了我一眼，我就怀孕了！"（这是我个人最不喜欢的一种回应。）

这些人可能没有伤害或轻视的意图，但是，他们的回应明确表明他们缺乏同情心，根本无法减轻我父母的痛苦和恐惧。没过多久，我的父母就不再信任这些人了，而是转向那些有同理心和认同感的人。

在这种情况下，认同的回应应该是这样的：

"很抱歉，很难想象那有多难。"

"你看，我的情况和你的不完全一样，但我能够理解。我和瑞克为了要孩子，忙活了五年多，我仍然记得当时的痛苦经历。你所经历的一切实属不易。"

"太难了。不好意思。你现在感觉如何？"

肯定与否定的回应

在结束本章之前，让我们通过对比加深对认同的理解。每个例子由一个评论和两个回应组成，一个是肯定回应，另一个是否定回应。肯定的回应简短悦耳，切中要害。不过，如果你想额外加分的话，不妨花点时间针对每一种情况再想出几种肯定的回应方式。

评论："我很担心即将到来的考试……"

否定的回应	肯定的回应
"没必要，你肯定会考好的。我敢肯定。"	"不能怪你，这门课很难！"

评论："这个感冒真烦人！睡不着觉，呼吸困难，嗓子疼得要命。"

否定的回应	肯定的回应
"真是不幸，不过，会过去的。这可是不幸中的万幸。我邻居去年得了流感，在床上躺了一个多月呢！"	"真惨啊。生病的时候睡不着觉很难受。尤其是嗓子痛，真的受不了。"

评论："我再也不想上学了。昨晚的才艺表演太丢人了，我再也不想在学校露面了！"

否定的回应	肯定的回应
"没啥好尴尬的。你表现得很好！"	"对不起，亲爱的。能站在全校老师同学面前实属不易，表演就更难了。你有啥特别担心的事吗？"

这样的对比一目了然，对吧？

恭喜你！你刚刚完成了认同入门课程。现在，你已经有了扎实的基础知识，马上就要进行深入的探索了。第三章和第四章将通过有趣的研究和个人经历澄清一些常见的误解，快速掌握共情要义，在此之前请先了解"第二部分"中阐述的那些强大的原则。

本章小结

（1）认同包含两个主要元素：第一，它承认一种特定的情感；第二，它为这种情感提供依据。

（2）认同是非主观的。它允许他人去自行感受，而无须打上"好"或"坏"的标签。

（3）否定的回应（即忽略或弱化他人的感受）会适得其反。研究表明，即使是出于好意，否定的回应也会使问题变得更糟。

（4）给予认同，而非提供建议或保证，通常是帮助他人的最佳方式。它有助于他人更快地放下消极情绪，自己寻找解决方案。同时，给予认同还有助于他人愿意听取并乐于接受你的建议。

第三章

常见的误解

"联系是当人们觉得自己得到关注、倾听、重视时所产生的能量。"

——布琳·布朗

虽然认同这一基本概念非常简单，但是，由于一些常见的误解，认同经常遭到滥用或误用。所以，最好现在就把它弄清楚。

误解1：认同只适用于负面情绪

到目前为止，我们已经讲了很多有关负面情绪的问题，但是，认同同样有利于支持正面情绪。事实上，研究表明，认同他人积极经历的能力可以极大地改善人际关系中的紧密度和满意度。

在2004年进行的一项研究中，研究人员发现，当伴侣认同彼此的好运时，伴侣关系中的承诺、信任、满意度和亲密度会更高，日常冲突会更少[3]。这很正常，对吧？因为这正是你所期待的结果。

然而，研究人员惊讶地发现，消极的建设性回应（比如，"那很好。你猜我今天怎么了？"）与积极的破坏性回应（比如，"你升职了？以后甭想睡懒觉了！"）在消极关系结果方面具有相同的相关性。换句话说，如果你对某人的兴奋明显缺乏兴趣，那么，即使你的评论是积极的，也可能与消极的、令人沮丧的评论一样有害。

假设一个女人和她的丈夫在经历漫长的一天之后在后院里放松休息。女人在查看电子邮件。突然，她转向丈夫说："我刚刚收到老板发来的一封最棒的电子邮件！"丈夫看着手机，头也没抬地说："那很好，亲爱的。"说完，他继续翻看着手机。尽管说话时的语调很平和，但语气明显不连贯。妻子知道丈夫并不在意自己的话，于是，她在电脑上继续翻阅着信息。你认为她此时对丈夫的感觉如何？你可能有过类似的经历。无法认同积极情绪对一段关系来说是多么艰难。

现在，请考虑一下，如果丈夫意识到了妻子的"联系请求"，并认同了她的兴奋，他会怎么说？

"我刚刚收到老板发来的一封最棒的电子邮件！"妻子说。

"是吗？"丈夫从手机上抬起头来答道。

"是的，听听这个：'简，我只是想让你知道，我一直对你负责的项目印象深刻。你是团队中的关键人物。如果没有你，真不知道上个星期我们如何能获得那么多客户。加油！'"

"真是太棒了！"丈夫答道。

"说真的，"妻子笑着说，"我想，我这是第一次得到他的赞美。"

"那感觉一定很好。你一定做了什么了不起的事情！"

两人又聊了一会儿，然后回到各自的事情上去。虽然这是一次简短的交流，但是，发生的次数多了，就会极大地改善他们的关系。

认同积极经历的机会无处不在。然而，如果不注意的话，它们很容易会从人们的眼皮子底下溜走。大多数人都能抓住机会，帮助有困难的朋友或家庭成员。但是，要让他们把同样的精力放在别人的兴奋或好运上，则往往不那么容易。

就在几天前，眼前发生的一切让我猛然想到了这一点，那种感觉十分强烈。在下班回家的路上，我去了一家快餐店。在等餐的时候，我注意到一个小男孩正和他的爸爸坐在对面的桌子旁。男孩在玩3D拼图，拼图是买儿童餐赠送的。爸爸坐在男孩对面，盯着自己的手机。光是那一幕就很悲伤。我在心里恳求爸爸把手机收起来。果然，当小男孩完成拼图时，情况就变得更加无趣。

当男孩把最后一块拼好时，他的眼睛亮了起来，一个大大的笑容在他的脸上展开。他带着无比的骄傲和兴奋，把拼图举起来给爸爸看。就在那一刻，我的心沉了下去，因为父亲的反应非常冷淡："很酷！"说话时，他甚至没有从手机上抬起头来。此时，我的目光又回到了小男孩身上。他又看了爸爸半秒钟，显然希望得到认可或肯定。随后，他低下头去，看着玩具，继续玩了。

看到这一幕，我感到非常难受，这不仅因为这位年轻的父亲错过了一个认同和联系儿子的机会，还因为我也有过类似的行为。小男孩没有抱怨，甚至连一句话也没说，但是，他的"投标"或"联系请求"并未得到满足。如果父亲放下手机，仔细看看儿子的拼图，然后说："哇，干得漂亮！这个拼图很难很难！"那么，他所发出的信息将完全不同，而这只需要几秒钟的时间。

认同积极经历不仅是可能的，而且对发展健康、幸福的关系至关重要。学会识别并抓住这些机会，能让你与他人的关系发生重大变化。

误解2：不同意，便无法认同

当你认同某人时，你实际上是在说，"我明白你为什么会有这种感觉"。需要注意的是，这不能与"你是对的"和"我同意"等同起来。只要你理解对方的观点，便可以在任何情况下认同任何情绪。虽然猛地一看并非如此，但是，一旦你真正理解了对方的想法，大多数人的反应（甚至是那些看起来不太理智的反应）都会是积极的。你可能需要考虑他们的背景、恐惧、希望，以及他们自己可能都不知道的一些细节。但是，更多的时候，你会发现他们的反应与他们心情实际上是相当吻合的。

几年前，一位同事来到我的办公室，要求和我谈谈。他坐下来后，开始谈论另一位同事。他知道，我让这位同事负责了几项相当琐碎的工作。他担心他的资格不够，担心他的所作所为影响我们的品牌形象。

我静静地听着这位同事表达他的担忧。过了一会儿，我试图插话，告诉他这些事情我已经处理好了。不过，我的话他根本没有听进去。随后，他表达了对我的创新能力的担忧。

我努力保持冷静，不想为自己辩护。可就在这时，我的内心深处感受到自尊受到了伤害。尽管我竭力克制，但是，没过多久，我就开始向他列举我的教育背景和工作经历，试图让他相信我确实知道自己在做什么，但这一切都是徒劳无功的。

在多次试图利用这种方式让他感到好些，同时维护我的自尊之后，我意识到我所说的一切根本不起任何作用。他不厌其烦地重申自己的观点，并继续提出新的问题。我们两个在兜圈子，他显然没有听进去我所说的东西。

接着，我后退一步，因为意识到我处理这一问题的方式是错误的：在承认和认同他的担忧之前，我已经直接尝试解决问题了。他没有"听见"我的话语，因为我没有"听见"他的话语。我顿了一会儿，仔细听他在说什么，试图理解他的感受。我意识到，从他掌握的有限信息来看，他确实有理由表示担心。

我又停顿了一会儿，然后说："你知道吗，杰斯？我完全明白你的担心。在没有听到所有讨论和项目细节的情况下，你只是看到此人突然开始负责他并不擅长的项目。在这一点上，我完全同意你的看法。你基本上是在想，是谁在推动这些项目？你在创意方面是否拥有发言权？如果我是你，我也会担心的。"

"是啊。"他说，他的声音里有一种如释重负的感觉，"正是如此。我只是担心他缺少这类项目的经验和技能。"

"啊哈!"我心想,"有门儿!"当我意识到一句认同的评论最终打破了无休止的争论,我继续说道:

"我完全理解你的担心,我非常感谢你对公司的关注。我也很感谢你向我提起这件事情,因为我知道这样的谈话并不多见。"

"是啊,说真的,迈克尔,"他一边说着,一边如释重负地叹了口气,"我想,你很难想象和你进行这次谈话对我来说会有多难。"

此时,谈话中的紧张气氛明显缓和了。杰斯感觉自己得到了倾听,得到了理解,终于对我的观点敞开了心扉。我向他解释说,我也觉得此人不是这个职位的最佳人选,但他可以胜任这些特定的项目。我向杰斯保证,我将与此人密切合作,以确保工作质量。同时,我也希望杰斯在关键时候能助他一臂之力。

"谢谢你,迈克尔。"他说,"这正是我想听到的,我现在感觉好多了。"在杰斯离开了我的办公室之后,我们又分头做着自己的工作。

请注意(在我自己的试错之后),我无须对杰斯说

"你是对的，他不应该从事这项工作"，用这种方式认同他的担忧。如果我没有停下来去理解和认同他的担忧，我们的谈话可能会持续几个小时，最后还会无功而返。

如果有人心烦意乱，生气焦虑，认同他是让其接受反馈的最好机会。奇妙的是，即使你不同意某人的观点，也可以认同他。学会这一点，将使你拥有一个宝贵的工具，来处理对抗、谈判、分歧等问题。

误解3：认同就是简单地重复别人的话语

几年前，我学会了一种叫作"反思性倾听"的技巧。所谓反思性倾听，从本质上讲，就是用自己的话重复他人刚刚说的话。这样做的目的有二：其一，确认自己听清楚了没有；其二，让对方意识到你在倾听。虽然这项技能非常有用，但我发现，它经常遭到误解，且没有得到很好地使用。其实，重复的时候需要讲究点技巧，否则，简单的重复只会给人留下机械、虚假的印象。

如果朋友跟你说，她很生气，因为老板侮辱了她，反思性倾听的回应可以是："你之所以生气，是因为他侮辱了你。"这是对事实的陈述，没有掺入任何个人判断，其结果是向朋友表明你在认真倾听。反思性倾听是专注于对方刚刚说过的话语。

相比之下，认同关注的则是对方刚刚表达的情绪。正如我们在第一章中所讨论的，大多数人不会质疑我们的理解能力，他们所关心的是他们分享的东西与我们之间产生了怎样的联系。对于上面的例子，认同式的回应可能是："嗯，光是听到这件事，我就很生气！"这里的关键区别在于，你不只是"听到"了朋友的经历，而且还设身处地试图理解她的感受。

几年前，我参加了一个"人际交往沟通技巧班"，该班鼓励学生在课外保持联系。其中，有几门课程侧重于"共情"和"认同"，鼓励大家在日常生活中实践这些原则时相互跟进。

然而，一名班级成员误将认同当作了反思性倾听。当他试图认同对方时，给人的感觉却是机械的、冰冷的。有一次，我给他打电话，希望得到一点支持或一些新的观点。结果，我们的对话变成了下面这样：

我："泰勒，你好。我现在感觉很沮丧。你有时间吗？"

泰勒："有啊，怎么了？"

我："我正在做一个项目，连续干了八个小时，突然发现标准变了，得重新开始。我现在觉得压力很大，非常失败，满脑子里都是这件事。你帮帮我吧。"

泰勒："哦，让我看看我听清楚了没有。你现在很沮丧。你在做一个项目，连续干了八个小时，然后发现得重新开始。你还说，你觉得压力很大，想打电话找人排遣一下。是这样的吧？"

（我这里没有半点夸张的成分。这是他的原话。）

这种方式本身不一定有什么问题（至少我知道他在倾听），但是，总觉得没有诚意。老实说，还有些尴尬。我坐在那里，心想："我这不是和一个阅读台词的技术人员在说话吗？！"

这个家伙重复了我的话语，是出于好意，只是他根本没有考虑过我的感受。更糟糕的是，他几乎是一字一字地重复，而这一点即便是反思性倾听专家也都是极力反对的。我感觉他缺乏同理心，因此，我们的谈话也就无疾而终，这样的结果一点都不令人感到意外。我所期望得到的认同回应应该是这样的：

"哦，你在那上面花了八个小时？怎么回事？"（……对话进行中……）"天啊，那可真的是超级令人沮丧，真的替你感到难过。"

有效的认同需要同理心，需要情感理解，因而，它超越了简单的反思性倾听。我们需要做的不仅仅是向他人表明我们听到了他的话语，而且还是要向他展示我们与他产生了共鸣。

本章小结

（1）你可以认同任何情绪，无论是积极的，还是消极的。虽然认同消极情绪可以带来更加强大、更加健康、更加令人满意的关系，但是，研究表明，认同积极情绪并分享他人的兴奋、自豪和幸福同样有益。

（2）你可以认同任何人，哪怕你们的意见相左。当你认同某人时，你实际上是在说"我明白你为什么会有这种感觉"。这与"你是对的"或"我同意"完全不同。这里的关键在于，如果你处在他人的位置上，只要你能拥有他人的信息、背景和认知能力，那么，你可能会有同感。

（3）认同不仅仅是重复别人的话语。仅仅重复他人的话语，而不去理解话语背后的情感，会给当事人留下虚假、冷漠的印象。虽然重述对方的话语是一个宝贵的工具，但是，认同表明你理解他人的情绪及其背后的原因。

第四章

一切从共情开始

"难道世界上还有比彼此对视一瞬更伟大的奇迹吗？"

——亨利·大卫·梭罗

在开始四步认同法之前，需要确保我们对共情或同理心这一真正联系的基础有一个基本的了解。共情是理解和分享他人感受的能力。当我们对他人产生共鸣时，就能设身处地去感受他人的情绪，去了解这种情绪的来源，去想象其背后的经历。

共情不等于同情

同情是对他人的关心或关注，同时，希望他人过得更好或更加幸福。同情是"在外"，是"隔岸观察"，置身境外（比如，"你难过，我很伤心。"）；共情是"在内"，"身临其境"，感同身受（比如，"唉，这太悲伤了。"）。

说到同情，我们会因对方的痛苦而心生怜悯。说到共情，我们会和对方一起感受痛苦。比如：

同情	共情
"你不舒服，我也不好受。"	"嗯，流感可不是闹着玩的。"

同情	共情
"你很沮丧，我也很难过。希望很快过去。"	"嗯，的确令人沮丧。"

在2013年的一次会议上，作家兼研究型教授布琳·布朗举了一个例子，有助于进一步说明同情和共情之间的区别。

想象一下，有人掉进了一个黑洞。他抬起头说："我卡住了。里边太黑了，不知道该怎么办。"

布朗认为，同情的反应也许是朝洞里看看，然后说："嗯，太糟了。你掉下去了，我很难过。你想吃三明治吗？"

相比之下，共情的反应则是爬进洞里，然后说："我知道卡在下面是什么样子。很可怕。还好，有我呢。"[4]

只有当我们与他人建立了联系，并且至少在某种程度上能理解他人的感受，才能产生有效认同。

培养共情的窍门

如何与人产生共鸣？虽然没有放之四海而皆准的统一方法，但以下窍门可能会有所帮助。

窍门1：保持好奇心

常问自己以下问题：

（1）"此人的背景如何？过去的遭遇会影响他的反应吗？"

（2）"如果有人这样对我，我会怎样？或者，我会有什么感觉？"

（3）"如果我没有类似的经历，是否出现过类似的情绪？"

（4）"如果那是我的孩子、父母、工作、小狗等，我又会怎样？"

常问自己这样的问题，这些问题通常点明了对方的某些遭遇，在你的内心引起共鸣。

窍门2：看着对方

暂停下来，放下你脑海中闪过的任何念头，花点时间，深入审视一下对面的那个人，与对方进行眼神交流。要知道，他可能是一个充满恐惧、疑虑、痛苦，希望获得快乐的人。要知道，他的生活可能比你想象的要艰难得多。

如果你真心看着对方，这将会是一种意想不到的经历。花点时间，认识到对方可能正在经历某种痛苦，可能对某件事情特别兴奋或充满希望，将有助于你摒弃自己的成见。

窍门3：将对方视为儿童

这个听上去可能有点奇怪，但是，把对方想象成一个年幼脆弱的孩子，更易于感受他的情绪。如果遇到一种棘手的情况，你无法与朋友产生共鸣（也许你觉得他应该能自行"解决"），那么，不妨这样想一想：假如你眼前是一个四岁的孩子，一脸恐惧、羞愧和尴尬地站在那里，你会有什么感觉？你会跟一个受到惊吓的朋友说"要像个男人"，否则我会于心不安。当然，这样的话我是无论如何也不会跟一个吓破了胆的四岁孩子说的。

把对方想象成年幼脆弱的孩子，有助于同理心的形成和流动。

窍门4：学会识别自己的情绪

如果你不知道别人的感受，就无法与之产生共鸣。然而，准确识别他人的情绪并不总是像看起来那么容易。好在，通过养成识别自己情绪的习惯，便可以提高识别他人情绪的能力。同样，这个听起来似乎也很简单，但实际上可能会令你大吃一惊。比如，"现在感觉如何？"

如果你和大多数人一样，可能会说"挺好。"

可是，"挺好"并不是一种情绪，而是你对目前情绪的一种分类。

你也许会说："很好，我感觉很好。"

可这仍然不是一种情绪。

"我很幸福。"

这就对了。"幸福"是一种情绪，也是其他人可以理解的。如果你说你"很好"，我可能会认为你指的是"满足"。这个可能是对的，也可能是错的。如果你说你很"幸福"，我就可以更好地理解你的感受，也能更准确地和你联系起来了。

练习识别自己情绪的一个方法是在手机上设置一个提醒，把一天分为几个时段，到每个时段都要停下来，看看自己当时的感受，并用语言准确地表述出来。请留意，下面这些表达方式都是一种"逃避"：

（1）"很好。"

（2）"不错。"

（3）"比昨天强。"

（4）"还行。"

（5）"还好。"

（6）"不太好。"

当你发现自己在使用上述"逃避"式的说法时，最好深挖一下真实的情感。比如：

（1）"很好"可能意味着快乐、感激、舒适、满足、兴奋、活力、自信或积极。

（2）"还好"可能意味着满足、劳累、疲惫或担心。

（3）"不太好"可能意味着害怕、受伤、悲伤、孤独、担心、遭到背叛、生病、不安、焦虑或虚弱。

（4）"比昨天强"可能意味着任何一种情绪，如开心、舒适、兴奋，或伤心、焦虑等。

学会识别自己的情绪将从两个方面增强你对他人产生共情的能力。首先，当你从别人那里听到逃避式的回应时，你会变得非常敏感。我发现自己一直在关注这些回应。无论是在工作中，在杂货店里，还是和朋友一起出去，我都会问他们过得怎么样。得到的回答十有八九是"很好"。听到这种回答，我常会下意识地追问一句："很好？"此时，他们的回应几乎总是更加真诚、更加详细，这就为更加真实、更加愉快的对话创造了条件。

其次，养成识别自己情绪的习惯有助于丰富你的情感体验。假若有人说自己感到很尴尬，如果此时你能想起自己生活中的某个尴尬时刻，会更容易做到感同身受。如果你没有养成识别自己情绪的习惯，那么，你生活中的那些尴尬经历很可能会储存在你脑海中的"坏情绪"文件夹中，难以接触。

窍门5：停止评判自己的情绪

为了对他人产生同理心，你需要不带判断地去认同和接受他们的情绪。然而，如果你对自己都做不到这一点，对他人来说就更加困难了。不幸的是，正如第二章中所讨论的，大多数人在成长过程中都认为某些情绪应该得到抑制、避免或忽略。如果你在自己身上看到了这种倾向，那我要恭喜你：你已经走在了改变的路上。这种意识越强烈，改变起来就越容易。

下一次，当你注意到某种情绪在你内心升起，一定要看一看你是在抑制它、回避它，还是接受它。如何判断自己是否在回避？很简单。看看你是不是在使用"否定的"或"消极的"说法，是不是在告诉自己要"忍着点""别担心"，是否是企图说服自己"没事"。这些迹象表明，你是在评判而不是在接受这种情绪。一旦你注意到自己企图逃避或抑制这种情绪，就有机会停下来，退后一步，学习接受。

一旦注意到一种情绪出现，就要尽可能客观地看待它，就像科学家观察某种反应一样：

"伙计，我生气了。"

"我现在妒火中烧了。"

"我心里真的很难过。"

为了更好地练习，你也可以尝试认同自己：

"是的，我很生气。可我也不是无缘无故地生气。他说会准时到的，可已经迟到了十五分钟。谁会不生气啊？"

越是练习识别、接受和认同自己的情绪，越容易对他人的情绪产生共鸣，进而达到认同。

本章小结

（1）共情不等于同情。同情是"在外"，是"隔岸观察"，置身境外（比如，"你难过，我也很伤心。"）；共情是"在内"，"身临其境"，感同身受（比如，"唉，这太悲伤了。"）。

（2）窍门1：保持好奇心。常问自己这些问题：此人的背景如何？过去的遭遇会影响他的反应吗？如果有人这样对我，我会怎样？我会有什么感觉？如果我没有类似的经历，是否出现过类似的情绪？

（3）窍门2：看着对方。暂停下来，深入审视一下对方。与对方进行眼神交流。要知道，对方可能是一个充满恐惧、疑虑、痛苦，希望获得快乐的人。要知道，他的生活可能比你想象的要艰难得多。

（4）窍门3：将对方视为儿童。尝试把对方想象成一个四岁的孩子。由于在许多文化中，表露情感被视为软弱的表现，所以，与有问题的成年人产生共鸣并非易事。把对方想象成一个小孩子，有助于消除这种"污名"，更容易产生真正的共鸣。

（5）窍门4：学会识别自己的情绪。通过养成识别自己情绪的习惯，可以更好地识别他人的情绪。可以在手机里设置一个提醒，每天定时检查，记录自己的感受。

（6）窍门5：停止评判自己的情绪。下一次，当你注意到某种情绪在你内心升起，一定要看一看你是在抑制它、回避它，还是在接受它。越是练习识别、接受和认同自己的情绪，越容易对他人的情绪产生共鸣，进而达到认同。

*

四步认同法

▲

引言

　　虽然认同的概念相对简单，但是，将其有效地运用于日常生活则并非易事。四步认同法是一种几乎在任何情况下都能给出认同和反馈的可靠方法。我对数以千计成功的认同经历进行了研究，从中提取了四个基本步骤。每一步都伴随着几个关键原则，为使用者提供洞见，指明方向。

　　四步法的设计非常简单。其适用范围，从轻松快速的交流到冗长热情的谈话，几乎无所不包。由于每一次交流都是独一无二的，因此，其使用方式也会因人而异。四步法会有助于你更好地与他人建立联系，并提供支持。我们将在"第三部分"对具体案例进行分析。

　　就像骑自行车或演奏乐器一样，认同这项技能也将随着不断地练习成为人的第二天性。因此，每当你与他人进行交流时，无须总是想着"第一步、第二步、第三步"该如何如何。通过练习，你会轻松自如地驾驭这种方法。你还等什么？

四步认同法

第一步：共情倾听

第二步：情绪认同

第三步：提议鼓励

第四步：再次认同

第一步

共情倾听

"倾听他人的心声乃是尊重他人最真诚的方式之一。"

——布赖恩特·H.麦吉尔

在你认同某人之前，必须先了解他的感受。这要从倾听开始。然而，倾听不光要听他说了什么，还要识别他所表达的情绪。这就是所谓的"共情倾听"。

作家兼调解专家格雷戈里奥·比利科普夫指出，共情倾听要求我们在他人悲伤、痛苦、狂喜、自我发现、面临挑战时给予陪伴！[5]

当你倾听他人时，不妨运用上一章里讨论过的"建立共鸣"的技巧。问问自己，"我在对方身上看到了什么情绪？他生气了吗？受伤了吗？激动了吗？迷茫了吗？我自己的感觉又如何呢？"

保持好奇心。通过提问，一方面可以澄清一下事实，另一方面可以表明你对他人很感兴趣。与此同时，还可以看一看自己的观察是否准确。比如：

"你说的是上周，对吧？"

"你当时做了什么？"

"等等，她真的对你这么说的？"

"那是什么感觉？"

"你似乎很担心。"

"你听起来很沮丧。"

你对情况掌握得越全面，对对方的反应了解得越清楚，你的认同就越有效。

关键原则：共情倾听

全神贯注

在当今这个快节奏的互联网时代，有很多事情会分散我们的注意力。你可能会认为，只要你在谈话中看上去比较专注，就可以把精力放在其他事情上。事实远非如此。

如果你表现得心不在焉，是绝对逃不过对方的眼睛的。

你是否有过和心不在焉的人交谈的经历？也许他一直在看着手机，看着时间，或者越过你的肩看着别处。那一刻，你显得很不重要。不管是什么分散了他的注意力，那种东西显然比和你交谈更为重要。这种感觉十分糟糕。

《魅力神话》的作者奥利维亚·福克斯·卡巴内指出："心不在焉是藏不住的，说明你很不真诚，而这会带来极为糟糕的情感后果。如果对方认为你不真诚，几乎不可能对你产生信任、亲密或忠诚的感觉。"[6]

如果有人在你心烦意乱或无法分身的时候要求谈话，请明确告诉他，同时问问他可不可以晚点再谈。这个时候，你可以说：

"对不起，我正忙着一个要紧的项目。一个小时后我打给你如何？既然要聊，咱们就应该全心投入地聊。"

当你和他交谈时，要让他知道你是全心投入的。把笔记本电脑关上，即便屏幕是空白的；把耳塞拿出来，即便并没有播放音乐；把电视关掉，即便它是静音的。这些小小的动作对提升你的存在感大有帮助。它们不仅能帮助你集中精神，还能向对方表明你很在意，不想分心。

如果你怀疑这些行为的巨大作用，那么，请看看下面的研究成果吧。研究表明，仅仅是一部手机的存在就可以降低谈话的质量，即便它只是躺在桌子上。这绝对不是开玩笑。2014年，在一项名为"iPhone效应"的研究中，研究人员将二百名参与者进行配对，请他们坐在咖啡店里聊天，时间约为十分钟。研究助理从远处进行观察，并特别注意谈话期间是否使用、触摸或放置了移动设备。等时间结束之后，要求参与者对一系列问题和陈述进行作答，目的是测量他们之间的关系密度、共情关怀，等等。这些问题和陈述包括"你的谈话对象在多大程度上努力理解你的想法和感受？"以及"我想我可以真正信任我的谈话伙伴"。

结果呢？

一旦任何一名参与者拿出手机或将其放在桌面上，谈话质量则被评为"不太满意"，这是相对没有移动设备的谈话而言的[7]。研究人员指出，"即便手机没有使用，即便没有发出嗡嗡声、哔哔声或铃声，即便没有屏幕闪烁，数字设备也代表了当时的社交网络不仅限于他们二人。在手机面前，人们总想着不断地搜索资料、查询信息，总想着和其他人乃至外面的世界进行交流"。

诚然，全心投入在当今世界是极其罕见的。如果与最新的体育比分或新来的信息相比，你更看重眼前这个和你说话的人，那就设法让他知道。相信我，其结果会令人震惊的。

邀请他人敞开心扉

径直走向某人，直接跟他说："我很沮丧，我想跟你谈谈。"要做到这一点并不容易。相反，许多人会"暗示"你他们想和你谈谈。他们会说："我现在很沮丧。"或者"唉，这真是难熬的一周。"

另外，人的体态语言和精神状态也会发出求救信号，表明有事情发生。如果你的处境很好，想伸出援手，可以通过简单的邀请，以示你愿意倾听：

"你好像不高兴。怎么啦？"

"想聊聊吗？"

"出什么事了？"

如果此人想要得到认同和支持，通常，一个简单随意的邀请便可以打开他的话匣子。如果你鼓励他之后他仍不开口，那就不要再追问了。你让他知道你愿意倾听，这本身就是一件不菲的礼物。

善于观察

说到沟通，我们不能（也不要）完全依赖别人的说法。交流专家认为，高达70%的交流是非语言的，这意味着它是通过肢体语言、语调等传递的[8]。

每个人都有言不由衷的时候。我们头脑中那个小小的声音经常告诉我们，不要实话实说，以避免冒犯别人或给别人带来负担。结果，有时，你明明感觉不好，却偏要说"不，我很好"。有时，你明明知道上班要迟到了，却执意要去帮助朋友，嘴上说着"当然，我会帮你的"，心里却在怄气。有时，你告诉你的配偶吃了你留下的蛋糕"没什么事"，暗地里，你却想骂他。

正因如此，听人说话时，一定要观察其表情、语调和肢体语言。看看你的所见所感与他所说的是否一致，看看你的观察是否能让你洞悉他的其他感受。

我曾经和一个女人共进晚餐，她断断续续地给我讲了她童年的不幸。不过，她从未说出"真是糟透了"或者"真是很难很难"之类的话。她只是讲述了一些事实，同时努力保持着脸上的微笑。

她没有必要跟我说"我觉得自己被人抛弃了"或者"真的非常非常痛苦"，我能从她的眼睛里看出来。我的同情心开始泛滥了，想象着她刚刚和我分享的种种困难。

"唉，"我带着既伤感又尊重的心情跟她说，"那一定艰难。"

"是的。"她停顿了一会儿，承认道，"是的。"

谈话很快便转到了较为轻松的话题。瞧，仅仅抽出一点时间，想想她说的话，认同她的情绪，我们的友谊自然就变得更加牢固了。

配合他人的情绪

假如你刚刚在网络抽奖中赢得了一次双人游。你很兴奋，便走近同事。

"你绝对不会相信！"你惊呼道，"我刚刚赢得了一次去加勒比海的旅游，费用全免！"

"是吗？"你同事回应道。但是，语调中明显少了你所期待的那股兴奋劲儿。

"是啊！真不敢相信自己中了大奖！我从来没中过奖！"

你同事脸上的表情说明他一点都不关心。他似笑非笑地说："太棒了。恭喜你。"

有点失望，对吧？你同事对你说了什么其实并不重要。关键是，他的语气中少了些许热情，让你感到沮丧。即使他真的为你感到高兴，而事实上并没有配合你的情绪，那么，你也会觉得他根本就不在乎。

这与第三章中讨论的研究结果完全一致。研究人员发现，"被动支持性反应"（即安静、低调的支持）与"主动破坏性反应"（即故意否定对方的想法或感受）一样，对人际关系有害无益。

配合他人的情绪是有效认同的关键。如果对方很兴奋，那么，请报以微笑或大笑，或者与他一起分享兴奋的心情。如果对方很悲伤，那么，请你尊重他，拿出你的怜悯之心，用和风细雨的方式与他交流。这个原则对许多人来说是再自然不过了。但是，当你分心、紧张或专注时，则很容易忘记。配合他人的情绪，会让对方觉得你在认真倾听，认真理解他的话语，认真体会他的感受。

微型认同

微型认同，顾名思义，就是给出一个简短的评论或回应，肯定对方的情绪和观点。这种快速简单的评论让对方知道你在关注他的话语，且没有进行评判，所以，对他来说，继续分享是十分安全的。和"配合他人的情绪"一样，大部分人都能出色地做到这一点。

微型认同看起来是这样的：

"真的吗？"

"换了我，也会生气的！"

"那一定很令人沮丧。"

"很有道理。"

"太令人兴奋了！"

"不可能。"

"我明白。"

"那一定很痛苦。"

"我明白，这确实让人摸不着头脑。"

"祝贺你！那种感觉一定很神奇！"

这里的关键是评论要短。这样，对方就不会觉得你想打断他或垄断谈话。

尽管上述评论看起来无关紧要，但是，它们在保持对话畅通方面起着重要作用。想象一下，面对一个对你的话语毫无反应的人，是不是就像对着砖墙说话一样？如此，你很快就没有聊下去的兴趣了。

微型认同让对方知道你在关注他，并鼓励他继续分享。微型认同还能培养安全感和信任度。这样，对方就能在一定程度上向你敞开心扉，无论其讲述的是积极的经历，还是消极的经历。

不要试图去解决问题

如果有人在发泄情绪或分享负面经历，不要试图去解决问题。除非他主动要求，否则，不要贸然提出建议。同样，也不要急于给出"还有希望"或"情况可能会变得更糟"之类的评语。这是迄今为止人们最常犯的错误。正如之前所说，像下面这些说法（无论你的出发点多好），都是对对方经历的否定：

"不会吧。你看起来好极了！"

"你需要做的是……"

"不要去管别人的想法。"

"随它去吧！不能让这个毁了你的一天。"

"最终，一切都会好的。"

"情况可能会更糟。"

"别担心，总有一天你会遇到合适的人。"

主动给出建议或保证（尤其是在没有认同对方的情绪之前），会使他的经历变得无关紧要。这表明：（1）你认为他不应该有这样的感觉；（2）你比他更清楚应该如何解决问题。即使你真的知道该如何解决，现在也不是说出来的时候。虽然不值得为某件事大动肝火，但事实上，对方已经为此大动肝火，且需要有人来理解其中的缘由。

这个说起来容易做起来难。但是，学会推迟给出建议会极大地影响你给他人的信任度和安全感。这并不意味着在对话期间不能提供反馈或建议，而只是时机不对。在第三步中，你将有机会提供建议、反馈和保证。那时，你得到倾听的机会也将大大增加。

本章小结

（1）全神贯注。如果你正心烦意乱，请告诉对方改日再谈。等你准备好了，请关掉电视和笔记本电脑，把注意力全部放在对话上。

（2）邀请他人敞开心扉。如果你觉得有人想要谈谈，却又羞于启齿，不妨问一个简单的问题，比如，"你看起来很不高兴。出什么事了？"

（3）善于观察。70%以上的交流都是非语言的。因此，要密切注意对方的语调语气和肢体语言，便于更好地理解。

（4）配合他人的情绪。如果对方很高兴或很兴奋，那么，请报以微笑或大笑，或者与他一起分享兴奋的心情。如果对方很悲伤，那么，请你尊重他，拿出你的怜悯之心，用和风细雨的方式与他交流。

（5）微型认同。提供简短的评论，如"没门！""真的？"或"我也会有同样的感觉"，帮助对方安心分享。这会让他知道你在倾听，不做评判，且从他的角度看待问题。

（6）不要试图解决问题。在第三步之前，不要提供建议、反馈或保证。避免"至少……""你应该……"或"那不是真的"之类的评论。

第二步

情绪认同

"沟通中最重要的莫过于听到未尽之言。"

——彼得·德鲁克

一旦谈话暂停，或者对方完成了分享，可以通过提供更直接的认同进入第二步。正如第二章里所说的，认同回应是通过：

（1）识别一种特定的情绪。

（2）为这种情绪提供依据，对他人的评论或情绪给予认同或重视。

如果你只说"我知道你很担心"，你是在借助向他人展示"我在倾听，我很理解"来提供简单的认同。如果在简单的认同之后，再加上你理解他担忧的理由，那么，认同的效果定会倍增。比如，"我知道你很担心。考虑到那种情况，不担心才怪呢！"

再看看别的例子：

（1）"说实话，真为你高兴！你为这个报告投入了大量的精力，整个演示过程十分顺利。一定感觉很好吧！"

（2）"你完全有理由感到沮丧。如果我在一件事情上花了四个小时，最后发现弄错了方向，也会发疯的。"

（3）"我明白你为什么困惑。上周，我跟你说了一件事情。今天，我要跟你说的似乎是完全不同的另一件事情。"

（4）"我知道你为什么感到难过。瞧，你遇到了生命中最快乐的事情，可你的朋友并未现身，与你分享快乐。在你眼里，他根本就不在乎你的感受。"

关键原则：情绪认同

不要试图去解决问题

这一点和第一步里提到的完全一样。此处，它依旧适用。我再次把它包括进来，是因为急于给出建议或保证仍然是大家最常做的事情，几乎没有例外。

不同意，也可以认同

我们之前已经讨论过这个问题。但是，请记住，即便你不同意他人的看法，也可以表示认同。如果你觉得他的看法不对，不要假装同意，但也不要马上告诉他。相反，设身处地去想一想他为什么会有这样的感觉，并给予认同。学会换位思考。如果你了解了对方的想法，很有可能会做出类似的反应。

假设有一位同事因没有得到晋升而向你抱怨。

"我就不明白了，"他说，"与德鲁相比，我更应该得到晋升！我在这里的时间快比他多一半了！"

如果你和我一样，会马上质疑他的说法。他真的认为光凭在公司待的时间长这一条就该得到晋升吗？噢，该死的权力啊！不过，少安毋躁。我们不妨站在他的角度去想一想。

如果那人是你，你会有怎样的感觉？失望？迷茫？生气？尴尬？也许四者兼而有之？假设下一个就是你，你的同事后来居上，获得晋升，而你还在原地踏步。是不是光想一想就令你困惑，令你沮丧？所以，即使你觉得此人不该升职，至少可以理解他愤愤不平的原因。可见，这一步的关键是抑制你的判断和观点，只专注于认同。如此一来，既可以降低你们争吵的概率；同时，当你走到第三步（即分享你的观点）时，你的同事也愿意倾听。

你可以认同你的同事，但不要暗示他应该升职。你可以这样说："我知道你不高兴的原因。你在这里的时间比任何人都长！看到别人提前晋升，你的确很难接受。"

不清楚他人的感受？问啊！

如果你很难理解对方的感受（也许他习惯于隐藏或淡化自己的情绪），就大胆去问。这需要一点技巧，免得听起来像个精神科医生似的（比如，"你对此的感觉是什么？"）。以下两种技巧可以帮助你在识别他人情绪的同时，又不会让他人觉得你在试图对其进行心理分析。

选项1：轻松随意

按照这种方法，你可以直接询问对方的感受，但要做到轻松随意，不能令人生畏。这只需要稍微调整一下，便可避免听起来像治疗师一样：

（1）"你对这一切的感觉如何？"

（2）"那种情况让你感觉如何？"

这种技巧，简单有效。

选项2：猜测询问

这种方法不太直接。你可以以提问的形式抛出一些你认为对方可能会有的情绪：

（1）"所以，你感到沮丧？迷茫？气愤？"

（2）"所以，你很兴奋？很紧张？或者两者兼而有之？"

这种方法有两大好处。首先，它向对方表明你在倾听并试图与其沟通。其次，这有助于他识别自己的情绪，最终让你有认同的依据。猜测提问的方法往往按以下方式进行：

你："所以，你感到沮丧？迷茫？气愤？"

朋友："是啊，我很沮丧。我觉得不管我说什么，他们都不把我当回事。"

你："这不怪你。换了我，也会沮丧的。"

如果你对他人情绪的猜测不太准确，他可能会予以纠正，加以澄清：

你："所以，你感到沮丧？迷茫？气愤？"

朋友："没有。说实话，我其实一点都不在乎。我只是觉得自己被人出卖了，因为她向我保证过不会那么做。"

你："言之有理。我和你的感受是一样的。"

如果你能理解，请告诉他

如果你能理解他人与你分享的内容，那么，第二步便是考虑告诉他的大好时机。经过巧妙地处理，可以强化你的认同，获得更大的信任和联系。

重要提醒：如果有人正在分享一种痛苦的情绪或经

历，千万不要说"我确切了解你的感受"。即便真的如此，也不能轻易说出口。你不妨这样说："当时，我也有类似的感受……"或者"我能体会那种感觉。"

声称"确切"了解他人的感受几乎总会让对方处于防备状态。如果你不相信，等下次有人这样对你说的时候，请注意一下自己的反应。即使你的出发点是好的，那也是一种令人惊讶的毫无意义的说法。

事实上，没有谁能确切知道另一个人的感受。人们的思想和情感是数百万次生活经历的积累和结晶。因此，说两个人的思想或反应完全相同，几乎是不可能的。如果你能换位思考，避免使用"确切"二字，会给你带来益处。这是一个很小的细节变化，但是，细节决定一切。

几年前，有一个朋友在经历痛苦的分手之后，带着极度失落的情绪来找我。我当时也刚刚分手不久。所以，他言语中表现出来的痛苦和沮丧我非常熟悉，他所说的大部分内容我都能理解。于是，我默默地听着。等他讲完之后，我是这样说的：

"我很抱歉。这真的让人很难受。我能理解。听起来，这很像我和莎拉分手时的感觉。每次碰到她，我都觉得心里堵得慌，很想复合。可接下来的几个周末简直糟透了。一想到又会回到原点，就很难受。你说呢？"

分享自己的经历是一种认同，因为我经历的情绪和朋友此时的感觉非常相似。但是，请注意，看看我在迅速讲述了自己的经历之后，是如何通过提问的方式将焦点重新转回到朋友身上的。这一点在分享自己的经历时非常重要。如果我在说完"可接下来的几个周末简直糟透了"之后就此打住了，那么，焦点就会转移到我的身上，从而使朋友很难继续分享。

当你用个人经历来认同时，一定要做到言简意赅。最好是说一些能引起共鸣的情感和经历，然后迅速将焦点转回到对方身上。

如果你不能理解，请告诉他

虽然一方有过类似的经历肯定有助于另一方产生共鸣，但这并非必要条件。事实上，承认自己不能理解，也许是你能说出来的最有价值的话语之一。为什么？因为这表示你对他人及其处境的尊重和理解。这与"我确切了解你的感受"正好相反，最能让人信服。

以这种方式表示认同，就要承认对方表达的情绪，并思考一下在同样的情况下你会有怎样的感受。

打个比方来说。虽然你可能从未经历过失去孩子的痛苦，但是，你几乎可以想象出（至少在某种程度上）与之俱来的强烈的绝望、渴望、遗憾、愤怒和恐惧情绪。你可以用以下方式来表示认同和尊重：

（1）"我真的不知道该说些什么，但我知道一定很痛苦。"

（2）"天啊，我很难过，我甚至无法想象你此时的感受。"

这就是我对"引言"中提到的那种情况的处理方式。和我一起出去的那个女人正经历着父母离婚的艰难时期，而这恰恰是我没有亲身经历过的事情。我没有假装了解她的感受，而是承认了我对此一无所知的事实。当她看到我的回应是认同而非建议时，很快就卸下了防备，从而与我在更深的层次上建立了联系。

这种认同的力量简直令人难以置信。这不仅可以认同对方的情绪，还能在不贬低他人经历的前提下展示尊重。承认自己不知道他人的确切感受，有助于让对方安心地分享。这样，他人就能慢慢意识到，可以尽情地在我们面前展示自己的脆弱，而无须担心受到评判或解决问题的压力。

实话实说

我们身边的朋友和家人会时不时地带着尴尬、遗憾、沮丧等情绪，因为他们或犯了错误，或表现不佳，或处于困境。在这种情况下，人们往往会掩盖真相，避免增加其痛苦。结果是，我们常常告诉对方"你做得很好！"（实际上并不好）、"我们认为结果很好"（我们并非这样认为的），以及"他不知道自己在说什么"（实际上他真的知道）。

拐弯抹角或粉饰真相的问题在于，对方很可能已经知道真相，所以，会觉得我们很不诚实。重申一下：他们来找我们，是为了得到认同，而不是让我们助其埋藏自己不好的情绪。

当你面对这样的情况时，要承认事实，承认困难。你可以说得委婉一点，但没有必要撒谎。看看下面这个例子吧。特伦特是一名十七岁的高中生，他正在州冠军足球赛中面临一个困难的局面。

特伦特是一名优秀的球员，在每一场比赛中都有多个进球。然而，在这场特殊的比赛中，他表现欠佳。第一次射门时，他滑倒了，脚没有够着球。对方队员又是起哄，又是嘲笑，又是奚落，让他十分恼火。他一次又一次地抽射，但没有一次射中球门。他还多次把球传到对方脚下。教练把他替换下来，让他平息一下情绪。但是，当他坐在板凳上想着自己糟糕的表现时，心情变得越来越沉重，情绪也越来越低落。他的球队输了，特伦特走开了，把一切都怪在了自己身上。

他来到球场边，站在爸爸身旁，看着地面，摇了摇头说："我把冠军给弄丢了。"

此时，你会如何回应？如果像大多数人一样，你一定会立即满怀同情地说："不不不，不怪你！你踢得很好！"

如此一来，就出现了两个问题。首先，这种说法毫无作用。你懂了吗？立即说"不不不，不怪你"，这种回应忽略了特伦特刚刚表达的情绪，没有给他足够的空间去感受。

其次，特伦特踢得并不好，这一点他自己知道。因此，他很有可能会完全拒绝相反的建议，尽管这些建议都是善意的。比赛失利是他一个人的责任吗？当然不是。他没有卖劲儿踢吗？当然不是。但是，他踢得好吗？不是很好，但也还可以。他毕竟是人嘛，是人就有状态不佳的时候。然而，如果我们试图忽视或改变他的情绪，就会强化这样一种观念，即犯错和伤心都是不对的。

一个更加有效的回应应该是这样的：

爸爸："很抱歉，特伦特。这绝对是一场艰苦的比赛。"

特伦特："真不敢相信我一球未进！"

爸爸："你今晚表现得不尽如人意，但有时你也无能为力。我也一样难过。不过，我希望你能意识到，失败不完全是你的错。"

特伦特："我知道，但我没想到自己那么沉不住气。"

爸爸："什么意思？"

特伦特："我让对方球员气晕了！"

爸爸："怎么回事？"

特伦特："都是因为第一脚愚蠢的射门。对方球员从头到尾都在说这件事，我脑子里也一直想着这件事！我觉得很丢脸。"

爸爸："很抱歉，特伦特。确实很丢人的，而且，无法释怀更让人沮丧。"

请注意，此处，特伦特的父亲一方面承认特伦特踢得不好；另一方面，又对他表示认同。他的这种反应很可能与特伦特自己的说法——"我没有发挥好，这太让人窝火了"——完全一致，其结果是让特伦特觉得自己得到了倾听，得到了认同。与此同时，他父亲也能进一步弄清特伦特未能发挥出最佳水平的原因。这就印证了这样一个事实，即在同龄人面前搞砸了，其留下的阴影是久久挥之不去的。

认同一定要真诚。这不仅提高了它的有效性，而且增加了人际关系中的信任度。如果你朋友不分青红皂白一味地跟你说你做得很棒，那么，你一定要学会无视他的赞美，即便你真的做得很好。别忘了提醒自己，"这是他的套路"。

相比之下，如果这位朋友是一个实话实说的人，那么，他的赞美会更有分量。你会相信他是真诚的，这会让荣誉变得更令人自豪。

认同一定要真诚，一定要讲究策略，这一点说起来容易做起来难。但是，这是一个值得追求的目标。目标一旦实现，将带来丰厚的回报。

本章小结

（1）情绪认同。一旦对话出现停顿，或者对方完成了分享，就要给予充分的认同。最好的方法是：第一，承认其表达的情绪；第二，为这种情绪提供依据。

（2）不同意，也可以认同。认同意见相左的人，不但是可能的，而且还是有益的。得到认同的人，更愿意听取不同的意见或建议。一旦你表现出你理解他们，他们也就更有可能理解你。

（3）不清楚对方的感受？问啊！通常，像"你对这一切感觉如何？"或"我想你很难过吧？"这类简单的问题足以使你获得认同所需的依据。

（4）如果你能理解，告诉他。学会说"我能理解"或"我也有类似的经历"，不要说"我确切了解你的感受"。在分享完自己的经历之后，一定要把焦点转回到对方身上。

（5）如果你不能理解，也要告诉他。承认你没有对方的经历，因而不知道他的感受，这种认同的效果会出乎你的意料。

（6）实话实说。不要为了让对方感觉好受就去撒谎。相反，要面对事实，要认同对方的情绪，然后在第三步中为其提供安慰和保证。

第三步

提议鼓励

"真理必须以爱的方式道出。否则，无论是真理，还是道出真理的人，都会遭到排斥。"

——甘地

一旦你倾听了他人、认同了他人，就可以在合适的情况下给出建议、反馈或鼓励。

你想知道"合适"的含义吗？其实，并不是每种情况都需要反馈。事实上，日常生活中的大多数场合，都不合适。当你有机会给出建议时，首先要弄清对方是否愿意倾听，这一点很重要。

避免主动提供建议

很多人认为，如果有人向你发泄，他一定是在寻求建议。然而，正如我们在前面的章节中所讨论的，情况往往并非如此。主动提出建议可能会导致他人退缩、愤怒，乃至变得有所防备。回想一下，有时，你只是希望对方静静地听你把话说完，而对方却开始告诉你该做什么。你有过这样的经历吧？相信大多数人都有过。为了防止自己犯同样的错误，不妨使用以下两种方法，看看对方是否愿意接受反馈。

方法1：问问他到底想从你这里得到什么

如果有人与你分享了一种痛苦的情绪或经历，但并没有寻求帮助，你可以这样说："我能帮上什么忙吗？"或者"我能做些什么吗？"

他通常会询问你的想法。然而，你可能会发现，他真正需要的是你的倾听和认同。他可能会说："你能听我说完，就已经帮了很大的忙了。"或者"你知道吗？我想，我已经明白了。谢谢你让我把情绪全都发泄了出来。"令人惊讶的是，当人们感觉自己得到倾听、得到认同时，能非常迅速地自行解决问题。

方法2：请求对方允许你分享自己的想法

如果你想提供反馈，但又不想让对方主动提出来，可以尝试以下几种方式：

（1）"我对此有一些想法。可以与你分享吗？"

（2）"你想听听我的意见吗？"

（3）"我可以告诉你我的看法吗？"

（4）"我能分享我的想法吗？"

当你在分享观点之前提出请求时，则表明你尊重对方的人格，尊重对方的情感，尊重对方的智慧和能力。如果他允许你提供反馈，便更有可能以开放的心态开始倾听，即使最终无法理解。如果没有得到许可，请尊重他人的决定，下次再说吧。

凡事总有例外

虽然在几乎所有情况下都建议大家先征得同意再给出

建议，但是，有些时候，主动给出反馈也是可以的，即便没有必要。以下是两种常见的例外情况，但绝不是仅有的两种。牢记"请求许可"的原则，但是，具体问题还要具体分析。

例外1：教育孩子的时候

无论孩子是否需要反馈，父母都有义务保护、支持和教育自己的孩子。虽然在给出建议之前倾听和认同孩子的意见仍然很有价值，但是，如果你只是告诉四岁的孩子不要触摸滚烫的炉子，则无须获得他的许可。同样，如果孩子陷入麻烦，无论其是否征求你的意见，你都有责任告诉他行为的后果。

这并不意味着你不能征求孩子的同意。即使对小孩子来说，请求他允许你分享自己的想法，也会给他提供一个主动请求帮助的机会，使之更容易接受。即便他表示拒绝，该提供的还是要提供。当涉及给成年子女（即十八岁以上的、已婚的或独自生活的孩子）提建议时，最好先问一问。这样做显示了尊重和信任，对建立健康的关系大有帮助。

例外2：当抱怨或愤怒是针对你的时候

第二个例外是当对方对你生气或指责你的时候。在这些情况下，你需要澄清事实、你的意图或你的立场，不管其是否要求你这样做。

即使是在这种紧张的情况下，你仍然可以通过第一步和第二步来认同对方（"共情倾听"和"情绪认同"）。即使你不同意对方的说法，也要设法让他感到自己得到倾听和理解，这能大大缓解谈话中的紧张气氛，也能增加其倾听你的说法的可能性。征求对方同意分享你的观点不会有什么坏处（比如，"我对这事有不同的看法。可以解释一下吗？"）。但是，如果答案是否定的，你可能仍会坚持分享。当然，情况有时特别难处理。我们不妨来看一个例子吧。

假设你正在工作，另一个部门的同事满脸不高兴地来到你的身边。此前，公司要求你的团队协助创建一些与他的一个客户会面的材料。你们一直都很努力地工作，希望在截止日期到来之前完成任务。前一天晚上，你同事的主管直接联系你，跟你说，由于客户的日程安排发生了变化，所以，截止日期推后一周。然而，你的同事并没有收到通知，因此，他仍然期待着"按期"拿到你们的演示文件。

同事："我昨天跟你说过我需要那份文件，可我的收件箱还是空的！我想我已经说得很清楚了，这次会议对维持我们之间的业务关系至关重要！如果你不能按时提交文件，那你告诉我，我的工作又该如何开展？"

瞧，你和你的团队为了这个演示文件推掉了其他所有项目。如果你同事的主管没有通知你延期，那么，文件早已完成了。除非你是超人，在任何情况下都能保持冷静，否则，你可能已经热血沸腾，迫不及待地想把事情的真相告诉你的同事。

虽然以牙还牙并提醒你的同事注意自己的身份可能会让你感觉很爽，但是，这对于你们之间的业务往来没有任何好处。如果你能一步一步来，即从第一步走到第三步（即使这可能是你最不愿意做的事），你将会很好地解决这一问题。

这个例子中的主要问题是你的同事和他的主管之间缺乏沟通，所以，你越早澄清越好。在这种情况下，第一步（"共情倾听"）并不意味着你只是静静地坐在那里，任凭你同事喋喋不休地指责你多么无能。相反，这意味着你可以问他一个简单的问题：

你："你知道你的主管昨晚打电话给我，让我们将文件推迟了吗？"

简单地提问，而非用指责或人身攻击的方式来回击，是帮助你同事意识到自己信息不全的好方法，还能让你保持冷静，确保你不会妄下结论。

同事："什么？没有啊！他说什么了？"

你："他跟我说，客户临时改变了计划，要到下周才来。他还说，你下周四才需要这份文件。"

此时，你同事可能会感到非常尴尬。你可以用第二步（"情绪认同"）来认同他最初的失望，然后直接进入第三步（"给出反馈"），明确表达你自己的愤怒或沮丧。需要明确的是，我这里并不是建议你为他的冲动辩护或者接受他的指责。鉴于他不了解全部情况，因此，他的反应是可以理解的，但仍然是失礼的。你完全有理由为你自己和你的团队挺身而出，无须他的许可。结果，可能是这样的：

同事："哦……对不起，我不清楚。"

你："我知道你为什么生气，因为你以为我们忘了最后期限。可我真的不喜欢你在我和我的团队为你拼命工作的时候妄下结论，硬冲进来。下次，在指责我或我的团队不称职之前，务必把所有的信息先弄清楚。"

瞧，你可以凭借短短的几句话来倾听、认同和告知你的同事。这种回应从"认同"直接到了"反馈"，绕过了"许可请求"。在他人的抱怨或愤怒指向你的情况下，迅速清晰地分享你的想法不仅是合适的，而且是必要的。

关键原则：给出反馈

一旦到了你给出反馈、建议或保证的时候，请遵循以下原则，确保其有效性。

用肯定的话开头

在分享你的观点或给出建议时，要用肯定的话开头：

（1）"我完全理解你为什么会有这种感觉。我是这样看的……"

（2）"光听你跟我说这件事，我就很生气！你考虑过和他谈谈吗？"

　　如果对方开始防备，请回到第一步和第二步，认同这种情绪。如果他允许你分享自己的想法，但却明显表明他并没有真正敞开心扉去倾听，那就干脆留在第二步，让他知道，你愿意倾听。（当然，前提是你愿意这么做。否则，就祝他好运吧。）

留意"但是"

　　这个简单的原则不仅能改善你的反馈，还能显著提高日常对话的质量。如果用"但是"连接句子的两个部分，那么，前一部分的内容就会完全"清零"。当给予认同时，它可以瞬间抵消你前期付出的所有努力。
　　打个比方来说。假设你去理发，你的一个朋友走过来对你说：

　　"我很喜欢你的发型，但是……"

她接下来会说什么呢？你不确定，但很可能是负面的。她"很喜欢……但是……"此时，你可能已经忘记了赞美，精力完全集中在她接下来要说的话上。

假设她说的是：

"我真的很喜欢你的发型，还有……"

"还有"什么？你还是不知道，但你知道的是，她喜欢你的新发型。接下来，无论她说什么，都不会影响她"真的很喜欢你的发型"这一事实。

也许她会说："……还有，我更喜欢你以前的样子。"这可能不是你很想听的话，但至少还可以接受。你可能会对自己说："尽管她更喜欢我以前的发型，但令人高兴的是，她也喜欢我现在的发型。"（这里并不是说你的幸福取决于别人对你的看法。）

当我们说"我知道你很沮丧，但我觉得他不是故意伤害你的"这句话时，我们消除了前半句——认同部分——
的影响。这样，对方听到的只是"他不是故意伤害你的"
如此的内容。

不用或少用"但是"，多用"还有"。你会惊奇地发
现，它可以让你在保持信任和安全的同时畅所欲言。

以"我"而不是"你"开头

给出"负面"反馈时，人们常犯的一个错误是，直接
以"你"开头。比如：

（1）"你错了。"

（2）"你的错。"

（3）"你不如其他人努力。"

当给予表扬时，一般不会出现问题（比如，"你是对
的""你做得很好"等）。但当给出不太令人愉快的反馈
时，它会给人十分刺耳、咄咄逼人的感觉。

注意，以"我"（或"我"的某种形式）开头，同样

的反馈变得易于接受：

（1）"我不同意。"

（2）"我觉得这实际上可能是你的错。"

（3）"我感觉你不如其他人努力。"

以"我"开头，强调的是你在分享自己的观点，避免反馈给人留下"指责"的感觉。这种简单的调整减轻了负面反馈带来的打击，降低了对方转入防备状态的可能性。如果你对同事说"你昨天太麻木了"，你们很可能会陷入争论的泥潭。毕竟，什么是"麻木"，什么不是"麻木"，还有待讨论。

如果改为"我觉得你昨天不太敏感"，或者"我昨天感到很尴尬，你可是当着所有人的面指出了我的错误"。这样一来，会让其将注意力集中在你的身上，因为你是在分享同事的评论对你的影响，而不是指责他是个卑鄙的小人。

以"我"开头的陈述可以根据需要变得柔和或直接。这在给予反馈时非常有用，无论对方是你的配偶，还是同事，都是如此。请看下面的例句：

（1）"我觉得你根本没听。"

（2）"我觉得你那样说是不重视我。"

（3）"我认为这很不明智。"

（4）"我注意到你经常这样做。"

话不要说得太满

所谓把话说得太满，指的是使用诸如"总是""从不""永远"这类"绝对化"的词语。如果你的反馈包括对某种习惯或倾向的观察，那么，你很可能会说"你总是这样做！"或"你从来不那样做！"

这两句话之所以令人生厌，一方面是因为它们都是以"你"——而不是"我"——开头的，另一方面是因为说得太绝对了。虽然对方可能不太善于倾听他人，但不太可能总是如此。比如，当医生给他说化验结果时，或当朋友建议去看电影时，他一定会认真听的。同样，声称某人"总是"如何如何也是不妥的。

如上所述，这种类型的反馈（利用以"我"开头的句子）会起到弱化作用，因而，"我觉得你总是这样"不再是指责，而是在分享你的看法。当然，这种看法可能是准确的，也可能是不准确的。

如果你不用以"我"开头的句子，那就把绝对化的词汇换成非绝对化的词汇。比如，"你总是这样做"可以变成"你经常这样做"，"你从不收拾自己的东西"可以变成"你很少收拾自己的东西"。可见，这种简单的改变可以立刻钝化反馈的尖锐边缘。

去掉绝对化的词汇，让评论成为以"我"开头的陈述，反馈会变得更容易接受。比如，"我注意到你经常这样做"（较为直接——你的观察）或"我觉得你经常这样做"（不太直接——你的感觉）。

错了就要承认

有时，你可能在未经许可的情况下便给出建议。这样的场合很多。由于你知道请求许可的重要性，所以，你很可能会及时发现自己的错误。这时，要勇于承认，因为承认错误不仅是有益的，而且也是有效的。比如，你说完话后再追加一句："我刚刚意识到没有征求你的意见。我向你道歉。"事实上，大家都习惯了这种"不请自来"的反馈，所以，像这种表示尊重的简单姿态会顿时缓解关系。结果就是对方很可能会主动询问你的看法，并允许你在其许可的情况下继续分享。

本章小结

（1）反馈或建议不是必需的。也许，有人只是分享了一个令人兴奋或自豪的时刻；也许，根本没有什么建议可给。认同本身就是一种疗愈。给出建议并不总是必要的，也并不总是合适的。

（2）避免主动给出反馈。不能因为对方分享了一个痛苦的经历，就想当然地认为他在寻求你的建议。可以通过以下方式确定其是否愿意接受反馈：第一，询问他对你有什么期望（比如，"我能为你做些什么？"）；第二，请求允许给出建议（比如，"我对此事有一些想法。可以分享吗？"）。

（3）如果一定要给出反馈，用肯定的话开头。尽管你在第二步中已经给予了认同，但是，在反馈之前再加上一句确认性的陈述，将会重申你已经听到了他的心声，并与他的经历产生了共鸣。

（4）留意"但是"。这将帮助你避免无意中否定自己的认同和评论。

（5）以"我"而不是"你"开头。使用以"我"开头的句子，强调的是你在分享自己的观点或意见。这大大降低了使对方转入防备心态的可能性。

（6）话不要说得太满。当给出不太"悦耳"的反馈时，请使用"经常""很少"等比较柔和（通常也更加准确）的词汇代替"总是""从不"这类绝对化的词汇。如果一定要使用绝对化的词汇，那就请用"我认为""我感觉"等开头，而不要用"你"开头。

第四步

再次认同

"不要吝啬你的鼓励之词。鼓励是语言的阳光，能温暖人心。它不费分文，便能丰富他人的生命。"

——尼基·冈贝尔

我发现，用一个完整的步骤来"再次认同"可能看起来有点牵强，但是，这样的重复（及其发生的顺序）是很重要的。无论对方分享的是积极的经历，还是消极的经历，用肯定的话语结束谈话是一个不错的做法。这样可以提醒对方，不管他前面说了什么，你依旧记得，依旧能够理解。

回想一下戈特曼的研究，你会发现，这可能正是对方想要得到的东西。花点时间重新认同，对巩固积极的体验大有帮助。如果你在第三步给出了反馈或是不太愉快的建议，那么，这一步则显得尤为重要。

再次认同某种情绪

到了这一步时，你已经完成了倾听、认同，并且，如果合适的话，给出了反馈或保证。此时，围绕解决问题（或令人兴奋的好运）的交流都已经结束，而整个对话也将随之结束。最后，通常会简单重复之前的认同。具体方式如下：

（1）"我不羡慕你。那的确是一个棘手的问题。不过，你似乎已经有了一个很好的计划。祝你好运！"

（2）"不管怎样，你处理事情的方式给我留下了深刻的印象。"

（3）"节哀顺变。未来一段日子一定很难。不过，请记住，我会永远在你身旁。"

（4）"高中生活的确不易！不过，我完全相信你会顺利度过。"

（5）"再次祝贺你！我真为你感到高兴。"

（6）"我不得不再说一遍，你真的很棒。你完全有理由骄傲！"

这些简单的话非常提气，让人感觉受到了尊重。即使身处困境之中，也是如此。它们是完善整个认同体验的绝佳方法。

认同脆弱

虽然第四步通常只是简单地重复之前的认同，但有时也能从认同他人的脆弱中得到益处。

当有人与你分享他的个人经历或情感时，往往会在情绪上变得很脆弱。他敞开心扉的方式通常很令人难受，其目的是想得到你的尊重和理解。这种脆弱对于建立牢固健康的人际关系至关重要，因为它使我们能透过表象在更加真实、更加私人的层面上与人交流。

当人们分享自己的内心挣扎，表达深深的恐惧，甚至只是承认生活中的某些不安时，会表现出不完美的一面，以求支持。在工作场所，当人们向老板提出担忧，或要求升职或与同事发生冲突时，也会变得脆弱。在这些情况下，人们都可能面临着负面反应。

所以，如果有人向你敞开心扉，第四步则是你表达感激和理解的好时机。下面这些话都是认同脆弱的好例子：

（1）"这么沉重的事，说出来很不容易。我钦佩你的勇气，也感谢你与我分享这件事情。"

（2）"我真的很感谢你对我敞开心扉，这对我来说意义非凡。"

（3）"你来找我谈论这件事情，一定很不容易。所以，我谢谢你。真心感谢你的坦率。我真的很钦佩你。"

（4）"谢谢你告诉我这些。我知道，提起这件事情很难，尤其是你根本不知道我会有怎样的反应。"

通过认同对方已经向你敞开心扉（以及这样做有多不易）这一事实，你等于告诉他，他可以完全信任你，而不必担心遭到评判或忽视。这对你和他来说都有好处，因为会增加你们关系中的信任度和安全感。

这里值得注意的是，认同脆弱通常只适用于令人不快的处境。如果你朋友告诉你她刚刚预订了一个为期两周的假期，而你却说"真的很感谢你对我敞开心扉"，那一定会让人感到惊讶。所以，了解了这种情况之后，你就知道了什么时候可以认同脆弱，什么时候不可以。

本章小结

（1）再次认同某种情绪。不管你是否在第三步中给出了建议，在结束谈话时最好再认同一次。这样可以重申这样一个事实，即你听到了，你理解了，并以积极向上的情绪结束了谈话。

（2）认同脆弱。分享个人的想法、经历或情绪可能会很困难，会感到不适，甚至会令人害怕。如果有人向你敞开心扉，要感谢他，并承认这样做的确不易。

第三部分

*

信息汇总

▲

真实案例

"言传是条长路，榜样是条捷径。"

——塞内加

　　说到四步认同法及其原则，似乎需要记的东西很多。然而，在现实生活中，你可以在不到一分钟的时间内看完所有内容。同样重要的是，要注意，这些步骤并不是完美的科学，也不是每一次谈话都必须严格遵循的。

　　在某些时候，仅仅走完第一步和第二步（"共情倾听"和"情绪认同"）就已经足够了。在其他时候，则可能需要从头到尾走完四步。每一种情况都是不同的，不过，你会知道在特定的时刻哪种感觉是自然的，是真实的。通过练习，你会发现，认同已经成了你的第二天性。

　　在最后的这一部分里，我们将探索各种各样的真实案例，以验证认同在现实生活中的有效性。我对认同的理解大多来自倾听他人故事以及他人的经历。虽然任何东西都无法取代个人的亲身经历，但是，研究各种各样的真实案例也会大有帮助。

一点提示

正如之前所讨论的，共情和真诚是有效认同的关键要素。真诚不是源自我们的话语，而是源自我们的表达方式。如果在没有共情和真诚的情况下给予认同，这种联系是毫无意义的。

不幸的是，在书中传达共情和真诚并非易事。因此，在阅读下面案例中的对话时，需要运用一点想象力。这里所使用的语言和表达方式可能与你想象的不完全一致，但尽量不要纠结于此。相反，要留意我们讨论过的原则，看看他们是如何使用的，以及你自己可能如何使用。当谈到你自己对四步认同法的应用时，你会很自然地默认那些在你看来是最真实、最自然的词语和表达方式。

为了帮助你正确识别四个步骤和关键原则，下面的每个真实案例中都将包括特定的符号。

真实案例之四步法符号
L = 倾听
MV = 微型认同
V = 认同
AP = 请求允许提供反馈
GF = 提供反馈
VA = 再次认同
VV = 认同脆弱

真实案例1：与同事的问题

特雷弗向雅各布抱怨另一位同事。雅各布知道整个情况，但不同意特雷弗的看法。

特雷弗："伙计，我真受不了史蒂文。他是靠巴结丽莎（经理）且不择手段才爬上去的。我在这里的时间是他的两倍。得到提升的应该是我，而不是他。"

雅各布："对不起，特雷弗，这的确令人难过。"（L，V）

特雷弗："我就不明白了。我在这里的时间比他长得多，经验也比他丰富得多！"

雅各布："是啊，的确难以接受。你问过丽莎为什么提升他而不提升你吗？"（MV，L）

特雷弗："没有。但是，我敢肯定她一定会说'他更适合这个职位'之类的话，或者其他一些模棱两可的话。"

雅各布："真的吗？你觉得她不会跟你说真话？"（L）

特雷弗："是的。反正，我觉得她也不怎么喜欢我。"

雅各布："真的吗？太令人沮丧了。你想听听我的意见吗？"（MV，AP）

特雷弗："当然。"

雅各布："首先，我不得不说，如果我在这里工作了这么长时间，却错过了一次晋升的机会，我肯定也会感到难过、困惑，甚至可能会非常沮丧。可我还得说，我对史蒂文的工作印象深刻。自打他来这里之后，表现出色，拉了两百多个客户，而且与他共事十分愉快。"（V，GF）

特雷弗："我和他一样努力，甚至比他更努力！"

雅各布："你工作确实很努力，这是毫无疑问的。不问问丽莎，怎么能知道提升他而不提升你的真正原因？"（MV）

特雷弗："下次见面我会问她的。"

雅各布："这个想法不错。我几分钟后要去开会了，我走了。祝你好运。"

特雷弗："谢谢。"

如果你不同意别人的看法，那么，这种情况就很难处理。在雅各布的例子中，他喜欢史蒂文，认为他应该得到提升。然而，他也想保持与特雷弗的良好关系。事实上，雅各布没有必要分享他对这件事的看法。对他来说，简单地倾听、认同并就此打住，可能会更加容易。但是，他的说法为我们提供了一个好例子，说明当意见不一致时该如何处理。

注意，雅各布首先问了几个问题，缩小了特雷弗不喜欢史蒂文的范围。这有助于他更好地了解情况，更好地了解特雷弗看法的源头，同时给了他认证的依据。

接下来，他没有直接挑战特雷弗的说法，而是选择认同这种挫败感。在承认了特雷弗的困境之后，他请求允许分享自己的观点。

雅各布再次对特雷弗的看法给予认同，然后分享了自己的观点。注意，他在反馈中没有使用"但是"二字。如果他说"这的确很难，但是，我对史蒂文的工作印象非常深刻"，那么，他就完全否定了前面的认同，而特雷弗则更有可能为自己辩护。

当特雷弗说"我也一样努力"时，他确实是在为自己辩护。所以，请再次注意雅各布是如何回到认同阶段并就此打住的。在这种情况下（因为雅各布不是特雷弗的经理），就此打住可能是比较明智的。

如果雅各布是特雷弗的经理，他便有责任给特雷弗提出建设性的反馈。在这种情况下，他可能会选择认同特雷弗工作努力的事实，然后，帮助他认识到他的工作并非最重要的，而且其结果也没有达到预期，等等。

真实案例2：高中闹剧

西德妮是一名十六岁的高中生，她向妈妈凯伦抱怨发生在学校里的闹剧。

西德妮："我讨厌高中。"

凯伦："怎么回事？"（L）

西德妮："我刚刚发现希拉里一直在我背后跟瑞秋和其他人谈论我，说我总是抢走她喜欢的男孩！现在，我觉得他们都讨厌我，也不再请我参加任何活动了。"

凯伦："什么？她为什么要这么做？"（MV，L）

西德妮："我不知道！她显然对扎克感兴趣，但扎克请我周末去看比赛。我根本就没想和扎克怎么样。我甚至都没拿正眼看过他！"

凯伦："所以，你认为她嫉妒你？"（L）

西德妮："绝对的。"

凯伦："想想自己所有的朋友都站在她的一边，甚至不给你解释的机会，这一定很令人沮丧。"（V）

西德妮："是啊，谁说不是。"

凯伦："你打算怎么办？"（L）

西德妮："我不知道……我跟斯蒂芬谈过这件事，她只是看着我说：'嗯，好的，很好。'她根本不听。"

凯伦："那太糟糕了。她根本不听？"（V，L）

西德妮："不听！"

凯伦："真令人失望。"（V）

（凯伦停顿了一会儿，看看西德妮是否想继续分享。）

凯伦："实际上，我对如何处理这件事有一些想法。你想听听我的意见吗？"（AP）

西德妮："当然。"

（凯伦说出了她的想法。）

凯伦："很抱歉，你现在不得不处理这种事情。高中

生的社交生活很复杂。你要是还想谈的话，或者想发泄一下，那就说给我听吧。"（VA）

西德妮："谢谢。我很感激。"

在凯伦与女儿的简短交流中，她很好地融合了倾听和认可这两项技能。请注意她在请求给予反馈之前是如何停顿片刻的。虽然每种情况都是独一无二的，但是，像这样的暂停有助于确保你不会太快给予反馈。即使你想分享，也要保证给对方一个倾诉的机会。

在你认同并停顿片刻之后，对方可能会以下列方式回应：

（1）接受认同并继续分享。（比如，"没错！然后，她说……"）

（2）接受认同，然后暂停。（比如，"完全正确。"）

如果对方继续分享，那就继续听着，给予认可。如果他接受了认同，然后停顿一下，你就可以问他是否需要反馈。

真实案例3：一个正在经历离婚的朋友

林赛和凯特是好朋友。

林赛："凯特，还好吧？"

凯特："老实说，不太好。"

林赛："是吗？究竟怎么回事？"（L）

凯特："约翰刚刚向我提出了离婚。"

林赛："天哪！这是真的吗？凯特，我很难过。（停顿）这是什么时候的事？"（MV，L）

凯特："昨天晚上。"

林赛："你知道会有这一天吗？你们之间有什么问题吗？"（L）

凯特："说不清。真没想到。在过去的半年里，我们变得相当疏远，我本以为是很正常的。然而，他刚刚告诉我，他一直在和别人约会。"

林赛："不是开玩笑吧？凯特……我真的替你难过。"（MV）

（林赛停顿了一下，看看凯特是否愿意继续分享。）

林赛："你现在感觉怎么样？他是昨天晚上才告诉你的？"（L）

凯特："是啊。老实说，我已经麻木了，我现在根本不愿去想。"

林赛："这不怪你。我简直无法想象。"（V）

凯特："是啊。"

（对话出现了短暂的停顿。很明显，凯特不想再谈论这个话题了。）

林赛："嗯，有事跟我说。你能告诉我这事，我很感激。这是一个难以置信的打击，真的无法想象。如果你想说出来，我随时都愿意听。"（VA）

请注意，林赛没有回避这个话题，也没有担心这样做会戳痛凯特的伤口，而是问了几个问题，以便更好地了解情况。

凯特一开始似乎没有醒悟过来，所以，林赛问她感觉如何。即使凯特无法确定自己的真实情绪，林赛仍然尽其所能去认同这种困难的处境。

这里当然没有反馈的空间。很快，凯特便产生了倦意，不想多说了。所以，林赛感谢了她，再次对她给予了认同，还邀请她以后再谈。

真实案例4：得到一份新的工作

泰勒和亚历克斯是熟人。他们是通过一个共同的朋友认识的，每一两周见一次面。

亚历克斯："泰勒！好久不见了。你还好吧？"

泰勒："很好！现在的生活相当不错。"

亚历克斯："太好了。工作怎么样？"

泰勒："好极了。我刚刚在一家公司得到了一份新的工作！"

亚历克斯："真的？恭喜你！"（MV）

泰勒："谢谢！"

亚历克斯："新的职位是干什么的？"（L）

泰勒："客服经理。"

亚历克斯："不错！你上一份工作就是做客服的，对吗？这份新的工作有什么不同？"（MV，L）

泰勒："以前，我只是每天接接电话（挨几句骂）。但是，现在，我将管理一个团队，培训新的员工，并与上层管理人员合作，改善整个系统。我非常兴奋。"

亚历克斯："我相信，不用再接电话了，你很高兴。"（MV，L）

泰勒："哎，你真的不知道。"

亚历克斯："我知道。人们在电话里有时是会失控的。每天与愤怒的人打交道，心情肯定不好。"（V）

泰勒："是的。我敢肯定，新工作中偶尔还要应对愤怒的顾客，但频率会远低于过去。"

亚历克斯："嗯，太棒了。"（V）

泰勒："是啊。我太兴奋了！"

亚历克斯："真的祝贺你，泰勒。你什么时候开始走马上任？"（VA，L）

　　泰勒："星期一。"

　　亚历克斯："到时候一定要告诉我你的感觉。"

　　泰勒："会的，谢谢。"

　　在这次交流中，亚历克斯用几种随意而有效的方式对他的朋友给予了认同。当泰勒与他分享新的工作消息时，亚历克斯看到了一个认同兴奋和自豪之情的机会。通过配合泰勒兴奋的情绪，亚历克斯表明他得知了这个好消息，并且为他感到高兴。他还使用"猜测提问"的技巧，来认同泰勒以前职位的难度，特别是与愤怒的客户打交道时的压力。

　　这种交流是短暂而随意的，然而，面对泰勒的好消息，亚历克斯表现出来的真正兴趣及积极回应，肯定是令人愉快的。泰勒很有可能带着新的兴奋和对亚历克斯更大的感激离开。

真实案例5：妻子紧张忙碌的一天

凯丽是一位全职妈妈，抚养三个年幼的孩子。马克下班回家，发现她明显疲惫不堪。

马克："亲爱的，今天过得好吗？"

凯丽："手忙脚乱的。"

马克："是吗？怎么了？"（L）

凯利："我需要休息一下。"

马克："孩子们表现不好吗？"（L）

凯丽："嗯，不光是这个。一会儿要拼车，一会儿要写作业，一会儿要踢足球，一会儿要做午餐，一会儿要收拾屋子，一个都不能落下。我干不了这活儿。"

马克："你每天都在做着大量的工作。要兼顾一切，谁也受不了。"（V）

凯丽："如果我能熬过今天，肯定会没事的。"

马克："你还需要做什么？"（L）

凯丽："我告诉莱克斯我要和她一起读书，然后我要去洗衣服。"

马克："你今天做的事情比大多数人一周做的都要多。我们都累了。我叠衣服，你给莱克斯读书，然后我们一起放松一下，怎么样？"（V）

凯莉："听起来不错。谢谢。"

马克和凯丽之间的交流非常简单，除了基本的倾听和认同之外，不需要太多别的东西。注意马克是如何通过提问来鼓励妻子敞开心扉的，又是如何用简单的认同来回应的。如此一来，他对妻子的认同和爱让他在晚上回家后能为她分忧，使其从一天的紧张忙碌当中缓解过来。

真实案例6：被人指责服务太差

凯瑟琳是一家汽车经销商前台接待员。一位顾客走近她，愤怒地说，自己等的时间太长了，而且车还没有修好。

顾客："这太荒唐了。我在这里等了将近两个小时了，比你们承诺的三十分钟要长得多，可是，我的车还没有修好！这到底是怎么回事？"

凯瑟琳："对不起，先生，我知道这很令人恼火。的确比我们说的时间要长得多。我正在联系技术人员，看看究竟是怎么回事。"（V）

顾客："这是我遇到的最糟糕的服务，简直就是个笑话。"

凯瑟琳："我理解。换了我，一样会生气的。我相信这可能打乱了您的其他计划，让您无法去您想去的地方。如果您愿意，我可以安排班车带您去任何您想去的地方，等您的车修好了，再接您回来，一切都是免费的。一旦有了消息，我会给您打电话的。"

顾客："不用了，我已经错过会议了。我想和机修工谈谈。"（V）

凯瑟琳："当然。马上会有人来招呼您的。我再次向您道歉。我们这次估计的时间明显有误，我们将竭尽全力予以纠正。"

应付愤怒的顾客从来都不是一件有趣的事情。在这个例子中，凯瑟琳很好地认同了客户的失望情绪，并尽其所能地对错误进行了补偿。

虽然她不能快速把车修好，但她能让他平静下来。她与客户产生了共鸣，意识到他可能开会迟到了，不能去办其他事情了等，这最终导致了更加真实、更加强大的认同。

如果凯瑟琳采取的是自我辩护的方式，情况可能会糟糕升级。不幸的是，这样的情况经常发生。其情形大抵是这样的：

凯瑟琳："对不起。不过，我刚刚听说，他们正在赶修呢。"

顾客："这太荒唐了。你跟我说三十分钟！"

凯瑟琳："我知道，但我现在也无能为力。请继续耐心等待。有消息了，我会马上通知您。"

顾客："耐心等待？！我已经等了将近两个小时了！"

凯瑟琳："先生，请冷静。我去和他们谈谈，看看还能做些什么。"

顾客："冷静？换个刹车片，等了两个小时，你能冷静？"

诸如此类，不一而足。你能看出凯瑟琳的否定评论吗？它们无处不在。虽然她是好意，但她的努力只会使局势恶化。而理解和认同将彻底改变局面。

真实案例7：安慰小孩

凯顿今年四岁。当他意识到妈妈晚上和朋友一起出去玩了，便大发脾气。他的父亲吉姆试图安慰他。

凯顿："妈妈在哪里？！"

吉姆："她出去和朋友玩一会儿。"

凯顿："我也要去！"

吉姆："对不起，凯顿。今晚我们不能和妈妈一起去了。不过，我在家啊。我们可以一起去楼下玩玩具！"

凯顿："不，爸爸，我要妈妈！"

吉姆："我知道，凯顿。她不在，你很不开心，对吧？"（L，V）

凯顿：（双臂交叉，一脸的不悦）"对啊……"

吉姆："我也想她。她心眼儿好，有爱心，会读故事，对吧？"（V，L）

凯顿：（仍然抽着鼻子，但明显平静了一些）"是啊。"

吉姆："她说了，等她回来，给你掖被子，给你读故事。怎么样？"

凯顿："太好了。"

吉姆："那一定会很有趣的。我们一边等，一边做通心粉和奶酪，怎么样？"

凯顿："好吧……"

在上面的例子中，吉姆首先试图通过提醒凯顿他还在家这一事实来转移他明显的失望情绪。这很快使凯顿的情绪升级了，导致他大喊大叫："不，爸爸，我要妈妈！"

作为成年人，当孩子表现出不理智时，我们常常会和他讲道理。我们可能会说："没事，孩子，妈妈只离开两个小时！"然而，正如父母（或保姆）所知道的那样，这种回应于事无补。情绪是一头难以控制的烈性怪物，对于不了解它、不知道如何面对它的儿童来说，是极其可怕的。

当吉姆意识到凯顿需要认同时，便改变了态度。他对凯顿的悲伤情绪给予了认同，从而帮助他冷静了下来。当凯顿意识到父亲理解自己的感受，并没有因此对他进行评判时，他卸下了防备，并能够接受妈妈将在那天晚上晚点回来的事实。

最后的思考

"如果你想改变一个人的生活，无须变得漂亮、富有、出名、聪明或者完美，只需关心即可。"

——凯伦·萨尔曼松

至此，你应该对认同有了深入的了解：它是什么？为什么有价值？如何给予？我们已经讨论了"是什么"和"为什么"的问题，研究了四步认同法，探索了一些真实案例，观察了该方法的实际应用。在最后一章中，我们将讨论一些技巧和建议，从而达到充分利用这一强大技能的目的。

当你本人需要认同时该怎么做

随着对认同理解的加深，你很有可能认识到自己也在寻求认同。在这种情况下，最好的办法就是直接提出要求。

几个月前，工作和生活的重担压得我喘不过气来。我决定休息一天，好好理理思路，自我放松一下，重新集中精力。

办了几件事之后，我顺便去了一家新开的理发店（这个店我哥哥跟我提起过）。这里的价格是平常的两倍还多，但我认为有必要尝试一些新的东西。

我跟理发师说了要什么样的发型。可是，他的理法完全超出了我的想象。很快，一大堆头发掉到了地板上，那可是比我想象中要多得多啊。我的心沉了下去。可是，剪掉的头发是肯定回不去了。无奈之下，我认为最好的选择是让他理完，希望别理得太过难看。

理完后，他把我转过来，对着镜子，脸上扬扬得意。然而，我可一点也乐不起来。平心而论，理得还行，但绝对不是我要的发型，也没办法按我自己的意愿来打理了。

离开理发店时，我感到很不自在，脑海里马上浮现出当天晚上的约会，以及第二天上班时同事指指点点的情形。于是，我开动脑筋，看看能否做些什么来补救一下。

我越来越羞愧地意识到，理发这件无关紧要的事情彻底毁了我的一天。于是，我试图将其埋葬。"没什么大不了的。"我对自己说，"大多数人甚至不会注意到。"但是，当我从后视镜中看到自己的影像时，真实的想法再次浮现出来："真的不好看。"此刻，我意识到，要想很快把这一页翻过去，我的沮丧和恐惧情绪必须得到认同。

　　于是，我给我的一位导师打电话，告诉他我需要他的认同，帮助我忘掉这件事情。我向他解释了当时的情况，以及我是多么愚蠢，竟让这么一件小事毁了我的一天。

　　"那太令人沮丧了。"他说，"你不喜欢它，已经够难受的了。可是，明天你去上班时，人们还会说：'哇，你的头发怎么了？'"

　　这两条评论——尤其是第二条——立刻消除了我的一大部分恐惧。我们交谈的时候，他从未试图忽视我的感受，从未说过"肯定没那么糟糕"或者"没人会注意的"之类的话。

　　他告诉我，他也曾因自己的头发而感到难为情（说"也曾"，是因为他现在秃顶了），所以，他很能理解。

在几次真诚、认同的评论之后，我感觉世界变得更好了。于是，我向他索求建议，问他如何才能走出阴影，继续前进。果然，仅仅聊了几分钟后，我就彻底改变了，不再为可能出现在别人脑海里的想法感到尴尬和恐惧了。

当你需要认同时，一定要十分明确地提出来。显然，最好是与知道如何认同的人交谈。但是，如果你的交谈对象不知道，你仍然可以给他们指出正确的方向。比如，你可以说：

"我现在感觉压力很大，需要一些认同。我能宣泄一下吗？我不需要反馈，也不需要修复的建议。我只想要你听我说完，别让我觉得自己疯了。"

几天前，我找到了一个练习的机会。当时，我向家人宣泄了我的情绪。他们开始给我提出建议和忠告，我发现自己变得十分烦躁，开始防备。实际上，我只是询问了他们对此事的看法，然后立即对他们所说的一切进行了辩护。我花了几分钟时间才从自己的闹剧中走出来。但是，当我对自己的防备感到好奇时，我突然意识到，我需要的只是认同而已。我已经找到了解决问题的方法，我只是希望有人能够理解这种处境的艰难。我把这个想法告诉了我的家人，他们立刻停止了建议。果不其然，得到一点点认同之后，我能够迅速放下，心情明显好了很多。

学会自我认同

除了寻求他人的认同以外，自我认同也很重要。我们常常是自己最糟糕的批评者，以永远不会对待别人的方式来评判自己。练习自我同情，学会自我认同，是发展情感健康和强烈的幸福感的关键要素。

就像认同他人一样，自我认同可以用于积极的经历和消极的经历。这意味着当事情做得出色的时候，你可以感到骄傲和兴奋；当事情没有如你所愿时，你可以感到悲伤或遗憾。

通常，我们会否定自己的情绪，避免不舒服的感觉（如恐惧、愤怒或悲伤等）。就我糟糕的发型而言，我一直告诉自己"没什么大不了的""会再长出来的"或者"没人会注意到的"。

现在，你会意识到，这些说法毫无意义，于事无补。类似"都会过去的"或"不要太激动"之类的回应给我们带来的压力和给他人带来的压力一样大，但是，它在我们内心的对话中却很难捕捉到。不要忽略或评判自己的情绪，要像对待亲密朋友一样认同自己。比如，你可以对自己说：

（1）"这些工作要求很高，我搞定了。"

（2）"你知道吗？我感到沮丧是完全有道理的。我花了很多时间和精力来做这顿饭，就是希望和我丈夫一起度过一个美好的夜晚。"

（3）"事实上，我现在要做的事情很多，一时不知所措是可以理解的。我想，换了任何人都会有同样的感觉的。或许应该后退一步，放慢脚步。"

忽视、压制或不予理会你的情绪并无助于摆脱它们，只是暂时把它们"埋葬"起来了而已，以后还会再次出现。相反，当你识别并认同你的情绪时，就会停止评判（不再说"我很坏""这是错的"或"我不应该"之类的话），让经历与你融为一体。这会帮助你平息内心的评判，过上更加现实、更加愉快的生活。

不要期望过高

当你亲眼看到认同的力量让人放松自在，帮助人们走出黑暗，强化人们的兴奋情绪时，你可能会产生给予每个人认同的念头。（老实说，没有理由不去这样做！）

然而，尽管认同的力量十分强大，但仍然会有不灵的时候。即使你遵循了所有的步骤，真诚地与人联系，人家也可能拒绝接受。你可以永远认同他人，但你不能永远保证人家会接受你的认同。

几年前，我的一个朋友和他的一个同学聊天。很明显，这个同学很焦虑，很快就开始抱怨自己面临的几个问题。我的朋友倾听着，理解着，在她讲述的时候没有给出建议，等她发泄了几分钟后，对她给予了认同。此时，我的朋友期待着看到她眼中的宽慰和脸上的微笑，却惊讶地发现，她又回到了原点，又开始抱怨了。

"根本没用！"我的朋友后来跟我说。他说了什么，她听了多少，似乎都无关紧要。她只是一味地沉浸在自己的情绪中，拒绝放手。我的朋友一开始期望"一切都会变好"，没承想，离开时，他感到非常困惑和沮丧。"我就不明白了。"他对我说，语气中带着挫败感，"我哪点做错了？"

他跟我介绍了他们谈话的内容和方式，我没发现有什么问题。虽然可能还存在其他因素，但是，他的那个朋友似乎就是不接受认同。

当我在写这本书的早期阶段，我和我的家人在当地的一家餐馆共进晚餐。我父亲的工作压力明显很大。看得出来，他一直努力让自己的注意力集中在当下。我问他当天过得怎么样，他回答说："还行。"我追问道："还行？"同时，请他详细说一下。他说："我今天在一个项目上花的时间太多了，比我希望的要多得多。"

我不想看到父亲这么有压力，我非常想帮助他感觉好一些。然而，那家餐馆十分繁忙，十分嘈杂。看得出来，当时父亲没有心情谈论这个。显然，那一天他太累了。于是，我决定顺其自然。

无论是环境不合适，还是对方不愿意放下自己的情绪，当认同没有按照你希望的方式进行时，不要沮丧，总会有别的机会的。然而，试图"强行认同"只会增加他人的挫败感。

本章小结

（1）当你需要认同时，要明确地提出来，不要指望别人来弄清楚。如果你的谈话对象不熟悉认同这一技能，告诉他们一些基本常识，具体说明你在寻找什么，不在寻找什么。

（2）学会认同自己。不要压抑或忽略自己的情绪，而要承认它，接受它。练习自我同情，学会自我认同，是发展情感健康和强大的幸福感的关键因素。

（3）不要期望过高。即使你遵循了所有的步骤，真诚地与人联系，人家也可能拒绝接受。你可以永远认同他人，但你不能永远保证人家会接受你的认同。

后 记

*

希望各位觉得本书很有趣、很有见地、很有用。在整个写作过程中，我在数千次谈话中都使用了四步认同法。我密切关注其中的每一步，注意它是如何发挥作用的，然后重新审视和完善这些原则和技能，以确保其尽可能地实用、适用和有效。尽管如此，每个人和每一种情况都是不同的，对技能的掌握只能来自反复试验。多年来，我一直致力于发展这项技能，却仍然发现自己在不断地否定他人、提供不请自来的建议，等等。如果你发现自己在做这样的事情，请不要紧张，但要注意它是如何结束的。问问自己，下一次是不是可以尝试一下不同的方法，及早发现自己的问题。

如果你觉得认同是被迫的或者很尴尬，那么，请尝试不同的方法和说法，直到找出适合自己的方式。你可以（也应该）调整一下四步认同法，以适应自己的个性与他人的互动。通过练习，你会发现如何才能以自然、真实的方式毫不费力地运用这些步骤。

尝试之后，请把你的心得告诉我。比如，哪些原则影响最大？哪些例子最为成功？你会给那些想提高倾听和认同技能的人提出怎样的建议？

最后，如果这些原则对你的生活产生了积极影响，请在Amazon.com网站上留下你的评论，或把本书分享给你的亲朋好友。当你和你朋友知道如何认同时，相信你们都会受益。你能更好地向你关爱的人表达感激和支持，反过来，他们也能给予同样的感激和支持。

真诚地希望这些原则和实践能像改变我的生活一样改变你的生活。很少有哪种经历比真正、深刻、真诚地感受到与他人的联系更令人满足了，很少有哪种联系比真正分享他人的兴奋和好运更令人快乐了，很少有哪种交谈比意识到你在关键时刻能帮助别人更有意义了。

请记住，你所遇到的每个人都有害怕的东西，都有热爱的东西，也都有失去的东西。

请记住，我们都在寻找关爱、理解和联系。

请记住，无论年龄、性别、背景或种族如何，希望得到倾听是人类内心最大的愿望之一。

尾 注

*

1. Gottman, John. *The Relationship Cure: A 5 Step Guide to Strengthening Your Marriage, Family, and Friendships*. Reprint Ed., Harmony, 2002.

2. Shenk, Chad E., and Alan E. Fruzzetti. "The Impact of Validating and Invalidating Responses on Emotional Reactivity." *Journal of Social and Clinical Psychology,* Vol. 30, No. 2, 2011, pp. 163-183.

3. Gable, Shelly L., et all. "What Do You Do When Things Go Right? The Intrapersonal and Interpersonal Benefits of Sharing Positive Events." *Journal of Personality and Social Psychology,* Vol. 87, No. 2, 2004, pp. 228-245.

4. "RSA Replay - The Power of Vulnerability." YouTube, uploaded by The RSA, July 4, 2013. https://www.youtube.com/watch?v=QMzBv35HbLk

5. Billikopf, Gregorio. "Empathic Listening: Listening First Aid." Meditate.com, October, 2005. https://www.mediate.com/articles/encinaG3.cfm

6. Cabane, Olivia Fox. *The Charisma Myth: How Anyone Can Master the Art and Science of Personal Magnetism.* 2/24/13 ed., Portfolio, 2013.

7. Misra, Shalini et all. "The iPhone Effect: The Quality of InPerson Social Interactions in the Presence of Mobile Devices." EDRA, Vol. 48, Issue 2, 2014, pp. 275-298.

8. Mehrabian, Albert, and Morton Weiner. "Decoding of Inconsistent Communications." *Journal of Personality and Social Psychology*, Vol. 6, Issue 1, 1967, pp. 109-114; Mehrabian, Albert, and Ferris, S.R. "Inference of Attitudes from Nonverbal Communication in Two Channels." *Journal of Consulting Psychology*, Vol. 31, Issue 3, 1967, pp. 48-258.

在喧嚣的世界里，

坚持以匠人心态认认真真打磨每一本书，

坚持为读者提供

有用、有趣、有品味、有价值的阅读。

愿我们在阅读中相知相遇，在阅读中成长蜕变！

好读，只为优质阅读。

正向对话

策划出品：好读文化		监　　制：姚常伟	
责任编辑：俞滟荣		产品经理：姜晴川	
文字编辑：多珮瑶		营销编辑：陈可心	
装帧设计：末末美书		内文制作：鸣阅空间	

北京市版权局著作合同登记号：图字01-2023-4347

I Hear You: The Surprisingly Simple Skill Behind Extraordinary Relationships

Copyright © 2017 Autumn Creek Press, LLC

All rights reserved.

Simplified Chinese rights arranged through CA-LINK International LLC (www.ca-link.com)

图书在版编目（CIP）数据

正向对话 / (美) 麦可·索伦森著；江美娜，张积模译. —北京：台海出版社，2023.12

书名原文：I Hear You：The surprisingly simple skill behind extraordinary relationship

ISBN 978-7-5168-3648-4

Ⅰ.①正… Ⅱ.①麦… ②江… ③张… Ⅲ.①心理交往 Ⅳ.①C912.11

中国国家版本馆CIP数据核字（2023）第176166号

正向对话

著　　者：〔美〕麦可·索伦森		译　　者：江美娜　张积模
出 版 人：蔡　旭		责任编辑：俞滟荣

出版发行：台海出版社

地　　址：北京市东城区景山东街20号　　　　邮政编码：100009

电　　话：010-64041652（发行，邮购）

传　　真：010-84045799（总编室）

网　　址：www.taimeng.org.cn/thcbs/default.htm

E - m a i l：thcbs@126.com

经　　销：全国各地新华书店

印　　刷：三河市中晟雅豪印务有限公司

本书如有破损、缺页、装订错误，请与本社联系调换

开　　本：880毫米×1230毫米　　　　　　　1/32

字　　数：110千字　　　　　　　　　　　印　　张：6.5

版　　次：2023年12月第1版　　　　　　　印　　次：2023年12月第1次印刷

书　　号：ISBN 978-7-5168-3648-4

定　　价：49.80元